CHAQUE PIÈCE, 20 CENTIMES.
11e ET 12e LIVRAISONS.

THÉATRE CONTEMPORAIN ILLUSTRÉ

MICHEL LÉVY FRÈRES, ÉDITEURS,
RUE VIVIENNE, 2 BIS.

INTRIGUE ET AMOUR

DRAME EN CINQ ACTES ET NEUF TABLEAUX,

Traduit de Schiller

PAR

M. ALEXANDRE DUMAS.

REPRÉSENTÉ POUR LA PREMIÈRE FOIS, A PARIS, SUR LE THÉATRE HISTORIQUE, LE 11 JUIN 1847.

Distribution de la pièce.

LE PRÉSIDENT	MM.	CHÉRI.
FERDINAND		MÉLINGUE.
MILLER		SAINT-LÉON.
WURM		BOILEAU.
LE MARÉCHAL DE KALB		BARRÉ.
UN VIEUX SERVITEUR		GEORGES.
UN VALET	MM.	PAUL.
UN HOMME DE JUSTICE		FLEURY.
MADAME MILLER	Mmes	FONTENAY.
LOUISE MILLER		PERSON.
LADY MYLFORT		LACRESSONNIÈRE.
SOPHIE		RACINE.

ACTE I.

TABLEAU I. — LA MAISON DE MILLER.

SCÈNE PREMIÈRE.

MILLER, MADAME MILLER.

MILLER.

Femme, écoute bien ceci... Je te le dis, et je te le répète, la chose devient sérieuse; on commence à parler par la ville de ma fille et du baron... Le bruit de ses visites dans ma maison arrivera jusqu'aux oreilles de son père, le président... et crois-moi, il vaut mieux, pendant qu'il en est temps encore, je l'espère du moins, il vaut mieux prier le jeune gentilhomme de cesser ses visites.

MADAME MILLER.

De quoi t'inquiètes-tu, et qu'as-tu à te reprocher? tu n'as pas attiré le baron Ferdinand chez toi; il y est venu de lui-même.

MILLER.

Oui, pour prendre des leçons de musique, mais non pour faire la cour à ma fille... Ah! j'aurais dû, vois-tu, femme, quand je me suis aperçu que la chose prenait cette tournure, j'aurais dû m'en aller immédiatement tout raconter à Son Excellence, M. son père... Le jeune baron en eût été quitte pour une réprimande, j'eusse envoyé Louise passer trois mois au couvent de Florsheim ou de Nonnenverth, et tout eût été dit, tandis que maintenant les choses en sont venues à ce point qu'il faut que l'orage éclate; sur qui tombera le tonnerre... ce ne sera point sur le château du premier ministre, ce sera sur la maison du pauvre musicien.

MADAME MILLER.

A quoi bon t'inquiéter de tous ces bavardages? que peut-il t'arriver? qui peut t'en vouloir?... ton état est de donner des leçons de musique, n'est-ce pas?... Eh bien! tu prends des écoliers où tu en trouves; fallait-il refuser ta porte au fils du ministre... au baron Ferdinand, parce qu'il est riche, jeune et beau? c'eût été le comble de la stupidité.

MILLER.

C'eût été la suprême sagesse, au contraire... car, enfin, que résultera-t-il de tout ce méchant commerce?... rien de bon... Il aime Louise... je ne dis pas le contraire... et cela se voit... ou plutôt, cela se devine dans chacune de ses paroles; mais le fils du noble président n'épousera pas la fille du pauvre musicien.

MADAME MILLER.

Qui te dit cela?

MILLER.

Sotte que tu es!

MADAME MILLER.

Et si je te disais, moi, qu'il a promis d'épouser notre fille.

MILLER.

Et à qui a-t-il promis cela?

MADAME MILLER.

A notre fille elle-même.

MILLER.

Mordieu! la belle promesse, et comme nous devons dormir tranquilles sur cette assurance... Le baron de Walter a promis à Louise d'épouser Louise... et, en attendant, qui sait ce qu'il a déjà demandé à compte sur ce mariage. O femme... femme... prends garde! ce sont les mères qui répondent à Dieu de la pureté de leurs filles... prends garde... il la séduira sous tes yeux, c'est moi qui te le dis... puis, un beau matin, tu trouveras ta fille en pleurs... tu lui demanderas quelle cause fait couler ses larmes : elle te répondra ce jour-là que c'est la fuite de son amant... et le lendemain, elle t'avouera que c'est la perte de son honneur.

MADAME MILLER.

Que Dieu nous garde d'un pareil malheur!

MILLER.

Oui, mais gardons-nous-en d'abord nous-mêmes; et pour cela, il faut qu'à la première visite que fera ici le baron de Walter, je lui montre cette porte, en lui faisant comprendre que le menuisier l'a faite pour entrer dans cette maison quand on y entre avec de bonnes intentions, mais aussi pour en sortir quand on y est entré avec de mauvaises.

MADAME MILLER.

Fais attention, Miller, car avec cette résolution, non-seulement tu te fais un ennemi du fils du baron, mais encore tu diminues nos pauvres ressources de moitié, en te privant de ton meilleur élève.

MILLER.

Je diminue nos ressources!... c'est-à-dire que tu as peur de renoncer à ton café et à ton tabac; va-t'en au diable avec tes ressources, si ces ressources doivent s'augmenter au prix de l'honneur de ma fille; j'aimerais mieux, vois-tu, aller de porte en porte avec mon violon, comme un mendiant, j'aimerais mieux donner des concerts où chacun payerait sa place en apportant un morceau de pain... j'aimerais mieux mettre en pièces ce vieil ami qui est là... et qui m'a si souvent consolé quand je pleurais... le briser en mille morceaux, entends-tu bien, que de me laisser un seul instant tenter par l'or honteux qui perdrait l'âme de mon enfant... Femme, femme! ne dis jamais de pareilles choses, si tu ne veux pas que je croie m'être trompé en te regardant vingt ans comme une honnête créature.

MADAME MILLER.

Ah! si tu lisais les charmantes lettres que le baron écrit à notre fille... tu verrais bien que leur amour est pur comme le jour du bon Dieu.

MILLER.

Et oui, certes, je sais bien cela!.. tous les amours commencent par être purs, puis ils finissent comme celui de la Marguerite de Faust, avec un orphelin de plus jeté sur cette terre... Bienheureux encore quand la honte ne tue pas la maternité, et quand la maternité ne tue pas l'enfant.

MADAME MILLER.

Voyons, ne t'emporte pas ainsi; à quoi bon jeter feu et flamme justement aujourd'hui plutôt qu'hier.

MILLER.

Veux-tu que je te dise pourquoi? C'est que je sais qu'aujourd'hui nous devons recevoir la visite du secrétaire de Son Excellence... de M. Wurm, à qui j'ai à peu près fiancé Louise l'an dernier; tu t'en souviens, ce me semble, quoique tu aies l'air de l'avoir oublié.

MADAME MILLER.

Et c'est là le tort que tu as eu... que de te presser ainsi, de promettre la main de ta fille à un domestique.

MILLER.

D'abord M. Wurm n'est pas un domestique, c'est le secrétaire de M. le président... c'est même plus que son secrétaire, c'est presque son ami.

MADAME MILLER.

Ces amitiés des grands avec leurs inférieurs cachent toujours quelques secrets terribles... On a dit de singulières choses, voilà bientôt quinze ans, quand le comte de Walter a succédé à son prédécesseur.

MILLER.

Silence, femme, pas un mot là-dessus, il ne manquerait plus que de pareils propos pour nous achever... Voyons, brosse ma redingote... Le pasteur est un saint homme... je vais lui tout dire, et lui demander conseil... Ah! voilà M. Wurm!... allons, tâche au moins de ne nous faire un ennemi de celui-là qu'au dernier moment.

SCÈNE II.

LES MÊMES, WURM.

MILLER.

Bonjour, monsieur le secrétaire, on a enfin le plaisir de vous voir... vous devenez en vérité si rare, que je me demande si vous ne croyez pas, bien à tort, avoir à vous plaindre de nous.

WURM.

Le plaisir est tout pour moi, monsieur Miller; mais voulez-vous que je vous parle franc : si depuis longtemps je ne suis pas venu vous voir, c'est que j'ai craint qu'on ne fît pas grand compte de ma bourgeoise personne chez des gens habitués aux bonnes grâces d'un des premiers gentilshommes du pays.

MADAME MILLER.

Je vois ce que vous voulez dire... M. Wurm... oui, M. le baron de Walter nous fait quelquefois l'honneur de nous visiter; mais ses visites ne nous ont pas rendus plus fiers que nous n'étions... et nous ne méprisons personne.

MILLER, *contrarié.*

Voyons, femme, une chaise à M. Wurm... Ne voulez-vous pas déposer votre canne et votre chapeau, monsieur?...

WURM.

Merci!... (*Il met sa canne et son chapeau près de lui.*) Eh bien! comment va ma future?

MADAME MILLER.

Votre future?...

MILLER.

Eh sans doute!... Louise.

MADAME MILLER.

Louise va bien, monsieur, Dieu merci...

WURM.

N'est-elle point à la maison... et ne puis-je la voir un instant?

MADAME MILLER.

Dame! à moins que vous ne l'attendiez... elle est à la messe, et ordinairement elle y reste longtemps, je vous en préviens.

MILLER.

Femme...

WURM.

Ce que vous me dites là me plaît, ma chère madame Miller; cela me prouve que je trouverai dans Louise une épouse pieuse, une bonne chrétienne.

MADAME MILLER.

Cependant, monsieur le secrétaire, il ne faudrait pas trop regarder... excusez-moi de parler ainsi, il ne faudrait pas trop, dis-je, regarder comme faites les choses qui sont encore à faire.

MILLER.

Femme, te tairas-tu?...

WURM.

Expliquez-vous, ma bonne madame Miller, car en vérité je ne vous comprends pas.

MADAME MILLER.

Que je m'explique, monsieur Wurm... oh! mon Dieu! c'est bien facile... vous comprenez... ce qui est bon est bon... mais ce qui vaut mieux est mieux, et par conséquent doit être préféré.

WURM.

Oh! oh! qu'est-ce que cela veut dire?

MADAME MILLER.

Cela veut dire que le devoir d'une mère est d'aider au bonheur de son enfant au lieu de l'entraver... or, comme je n'ai qu'une enfant, je désire qu'elle soit heureuse.

MILLER.

Ah! langue de vipère!

MADAME MILLER.

Et puisque le bon Dieu... veut faire de ma fille une dame...

MILLER.

Ah ça, veux-tu te taire?... ou faut-il que je te casse mon violon sur la tête... allons..., à ta cuisine... Ne faites pas attention à tout ce babillage, mon cher monsieur Wurm... A ta cuisine, je te dis... c'est la place d'une femme de ménage... surtout quand il est dix heures du matin, et que l'on n'a pas encore dîné.

MADAME MILLER.

J'y vais... c'est égal, je lui ai toujours dit ce que j'avais à lui dire...

MILLER.

Eh bien?

MADAME MILLER.

J'y vais, mon Dieu! j'y vais.

SCÈNE III.

MILLER, WURM.

WURM.

Ah! monsieur Miller, je ne croyais pas avoir mérité une pareille réception.

MILLER.

Mais mon Dieu! monsieur, vous le voyez bien, moi, au contraire...

WURM.

Je vous avais cru jusqu'à présent homme de parole, et mes prétentions à la main de votre fille me paraissaient aussi bien agréées que si au lieu de cette parole j'avais eu votre signature; car enfin... je ne vaux pas un baron, c'est vrai, mais néanmoins je ne suis pas un homme à dédaigner... J'ai un emploi honorable, et qui peut honorablement nourrir une famille... le président a de la bienveillance pour moi, et si je veux me pousser plus haut, son appui ne me manquera point... mes vues étaient donc sérieuses, à moi, et je regrette que vous vous laissiez leurrer par les promesses d'un jeune étourdi.

MILLER.

Vous vous trompez, monsieur Wurm, je ne me laisse tromper par aucune promesse, et la preuve... c'est que les choses restent comme nous les avons arrêtées... la parole que je vous ai engagée autrefois, je vous l'engage de nouveau... la réponse que je vous fis l'an dernier, je vous la renouvelle aujourd'hui. Louise vous plaît... bien... plaisez à Louise... et ce sera très-bien?... lui convenez-vous? c'est à merveille... elle n'a qu'à dire : oui; et, si bas qu'elle dira ce oui... je vous réponds que je l'entendrai... Secoue-t-elle la tête? à la volonté de Dieu, monsieur Wurm... je ne contraindrai jamais ma Louise... vous acceptez le refus de la fille, et vous buvez une bouteille de vin du Rhin avec le père. Vous comprenez? c'est elle qui doit vivre avec vous, et non pas moi... pourquoi pousserais-je dans ses bras, par pur entêtement, un homme... un homme qu'elle n'aimerait pas... pour donner prise sur moi au malin esprit, et pour l'entendre me dire à l'oreille, à chaque verre de vin que je boirais : Tu es le misérable qui as causé le malheur de ta fille... non, monsieur Wurm, non, je ne ferai jamais cela...

WURM.

Cependant, monsieur Miller, le conseil d'un père est tout-puissant sur une fille... et si vous vouliez bien!... car enfin vous me connaissez...

MILLER.

Et de par tous les diables, ce n'est point moi qui dois vous connaître! C'est ma Louise; ce qui me plaît à moi, vieux marronneur, n'est pas, je le crois bien, ce qui flattera l'humeur rêveuse d'une jeune fille... oh! demandez-moi si vous ferez convenablement votre partie dans un orchestre, et je vous dirai à un cheveu près ce que vous valez; mais l'esprit d'une femme est bien autre chose à déchiffrer que la sonate la plus embrouillée... non, non, tout ce que je puis vous promettre, monsieur le secrétaire, c'est de ne pas détourner ma fille de vous... mais, pour l'influencer, dans une affaire aussi grave que le mariage... jamais, monsieur Wurm... jamais.

WURM, *prenant sa canne et son chapeau.*

Bien obligé, monsieur Miller.

MILLER.

Eh bien! vous vous en allez?

WURM.

Qu'ai-je à faire encore ici, je vous le demande?

MILLER.

Dame! c'est comme vous voudrez! adieu...

WURM.

Ah! non pas adieu... au revoir.

SCÈNE IV.

MILLER, *seul.*

Il s'éloigne en menaçant je crois... oh! par ma foi, je comprends bien la répulsion que Louise manifeste pour ce vilain visage... en vérité, cet homme a quelque chose d'étrange et de repoussant, on dirait qu'il a été introduit par contrebande dans le monde du bon Dieu, avec ses yeux de fouine, ses cheveux roux, et son menton si allongé, qu'on croirait que la nature, irritée d'une pareille œuvre, l'a empoigné par là, et a jeté mon drôle dans quelque coin... non, non, non... bien décidément je ne forcerai point ma fille.

SCÈNE V.

MILLER, LOUISE *entrant; elle dépose son livre de messe, et va à Miller.*

LOUISE.

Bonjour, mon père.

MILLER.

D'où viens-tu, mon enfant?

LOUISE.

De la messe, comme ma mère a dû vous le dire.

MILLER.

Ah! c'est vrai... bien, ma Louise... bien, je me réjouis de voir que tu tournes si ardemment ta pensée vers le Seigneur... reste toujours ainsi, ma Louise, et le Seigneur te bénira.

LOUISE.

Dieu vous entende, mon père... M. de Walter n'est point là?

MILLER.

J'espérais que mon enfant avait oublié ce nom à l'église.

LOUISE.

Je vous entends, mon père... mais si j'ai la faiblesse de l'aimer, je n'ai pas l'hypocrisie du moins de cacher les sentiments que j'ai pour lui... Hélas! mon père, longtemps je n'ai pensé qu'à Dieu, puis au moment où je l'ai vu j'ai pensé à Dieu... et à lui... enfin, depuis quelque temps je ne pense qu'à lui tout seul... c'est bien mal, mon père, je le sais, ou plutôt dites-moi... lorsque nous oublions l'artiste en regardant son tableau... n'est-ce pas le plus grand éloge que nous puissions faire de l'artiste... et si dans ma joie je me détourne de Dieu pour admirer son chef-d'œuvre, ne doit-il pas se réjouir de cette adoration?

MILLER.

Ah! nous y voilà, mon Dieu!

LOUISE.

Où peut-il être à présent... heureuses les jeunes filles nobles, heureuses les grandes dames qui peuvent le voir et l'entendre... moi, je n'ai pas ce bonheur... je suis une pauvre fille oubliée, moi...

MILLER.

Louise!...

LOUISE.

Ah! pardon, pardon, mon père, je ne me plains pas de mon sort, je désire seulement penser librement à lui... oh! je voudrais réunir tout ce qui me reste d'existence dans un seul souffle... et de ce souffle doux et caressant rafraîchir son visage... Cette fleur de jeunesse que Dieu m'a donnée... je voudrais que ce fût une violette, et qu'il marchât dessus... même sans la voir... Mourir sous son pied me suffirait.

MILLER.

Louise, je donnerais le petit nombre d'années qui me restent à vivre pour que tu n'eusses jamais vu le major.

LOUISE, *à genoux.*

Que dites-vous là!... oh! ce n'est point votre pensée, mon bon père... vous ne savez donc pas que Ferdinand est à moi... qu'il a été créé pour ma félicité terrestre, par le père de ceux qui s'aiment en ce monde, et qui doivent s'aimer dans l'autre?.. Écoutez... quand je le vis pour la première fois, mon père, le sang me monta au visage, mon cœur bondit de joie, chaque pulsation de mes artères, chaque souffle de la brise, chaque bruit de la nature, murmura à mes oreilles... c'est lui... et mon âme reconnaissant à son tour celui qui m'avait manqué jusque-là pour compléter ma vie... mon âme murmura... c'est lui... oh! c'est bien lui... alors ce mot retentit joyeusement dans la nature entière, alors le premier rayon se leva dans mon âme... je sentis dans mon cœur éclore mille jeunes pensées pareilles aux fleurs qui s'épanouissent sur la terre quand le printemps revient... je ne voyais plus le monde... et cependant il me semblait que jamais le monde n'avait été si beau... je ne songeais plus à Dieu, et cependant il me semblait que jamais je ne l'avais tant aimé... que jamais il n'avait été plus grand.

MILLER.

Louise... Louise... pauvre chère enfant de mon cœur!... demande-moi mon sang, demande-moi ma vie... et tu les auras... mais ne me demande pas celui que tu aimes... hélas!... hélas!... Dieu m'est témoin que je ne puis pas te le donner. (*Il sort*).

SCÈNE VI.

LOUISE, *seule, et continuant la pensée dans laquelle elle est absorbée.*

Aussi, je ne le demande qu'à Dieu, mon père, ou plutôt qu'à l'éternité; cette pauvre goutte de rosée, qu'on appelle le temps, s'évapore délicieusement dans ce rêve de bonheur qu'il me donne... le rêve me suffit... je renonce à lui dans ce monde... mais ce monde... on ne fait qu'y passer... un jour les barrières qui nous séparent tomberont devant la mystérieuse égalité du tombeau... un jour chacun rejettera, le pauvre ses haillons, le riche sa fortune, le noble ses honneurs; alors, la différence des conditions disparaîtra... chacun n'apportera avec soi que ses douleurs, ses crimes, ou ses vertus; moi, je n'apporterai que mon innocence et mon amour... mon père m'a dit souvent que la parure et les titres pompeux seraient de peu de valeur lorsque l'ange du jugement nous réveillera dans nos sépulcres pour nous conduire devant Dieu; les cœurs seuls, alors, auront du prix à ses regards, alors je serai riche! Alors mes larmes seront comptées pour des trésors, et mes soupirs, pour des aïeux... alors, oh! alors, je serai une bien grande dame... et Ferdinand aura beau regarder autour de lui, il n'y aura pas une femme, fût-elle princesse, fût-elle reine, qu'il puisse préférer à la fille du pauvre musicien Miller.

SCÈNE VII.

LOUISE, FERDINAND.

FERDINAND, *paraissant sur le seuil.*

Louise !... *(Il s'approche).* Qu'a-t-elle donc ?... oh ! mon Dieu !.. Louise, comme tu es pâle ?

LOUISE.

Ah ! c'est toi... toi, mon Ferdinand... te voilà, je n'ai plus rien.

FERDINAND.

Pourquoi cette tristesse, mon Dieu ?

LOUISE.

Moi, triste... oh ! tu blasphèmes, Ferdinand ; je pensais à toi, et je priais Dieu.

FERDINAND, *montrant sa bague.*

Louise, je lis dans ton âme comme dans l'eau pure de ce diamant, aucune ombre ne peut passer sur ton esprit qu'elle ne soit aussi visible pour moi que le nuage qui passe au ciel... Qu'as-tu donc ? parle, mon amour, et dis-moi quelle pensée t'afflige.

LOUISE.

Ferdinand, si tu savais quel effet ce langage produit sur le cœur de cette pauvre petite bourgeoise que tu appelles Louise !

FERDINAND.

Pourquoi cette humilité ?... Louise une petite bourgeoise... Louise n'est pour moi ni une petite bourgeoise ni une grande dame ; c'est la bien-aimée de mon cœur, c'est l'ange gardien de ma vie... quand je suis près de ma Louise, toute mon intelligence s'absorbe dans son regard... quand je suis loin d'elle, dans mon rêve... rougissez, Louise, chaque moment que vous donnez au chagrin vous le volez à votre ami.

LOUISE.

Tu veux endormir mes craintes ; Ferdinand, tu veux détourner mes yeux de ce gouffre où je tomberai, sans doute... mais je lis dans l'avenir... les projets de ton père... et mon néant... Ferdinand, un poignard est sur nos têtes... un abîme est sous nos pieds... Ferdinand... Ferdinand... on nous sépare...

FERDINAND.

On nous sépare !... d'où te vient ce pressentiment, Louise... on nous sépare, dis-tu ! et qui donc peut rompre le lien céleste de deux cœurs, ou fausser l'harmonie de deux accords ? Je suis gentilhomme, dis-tu ? mes titres sont-ils plus anciens que la loi de la nature qui veut que l'âme cherche dans ce monde l'âme qui doit la compléter... mes armoiries sont-elles plus puissantes que l'arrêt que Dieu lui-même écrivit dans les yeux de Louise... tu appartiens à Ferdinand... et Ferdinand t'appartient.

LOUISE.

Oh ! oui ; mais, ton père... ton père, Ferdinand.

FERDINAND.

Ne crains rien, Louise, sinon que Dieu mette un terme à ton amour... tu parles d'obstacles, tu les crains... eh bien ! que les obstacles s'élèvent entre nous, je veux les prendre pour échelons ; et par eux me rapprocher de toi... Sois tranquille, la violence ne fera qu'accroître mes sentiments, et les dangers que je courrai pour ma Louise ne feront que me rendre ma Louise plus belle et plus chère... ainsi donc, chasse ces folles terreurs, mon amour, je veillerai sur toi, comme le dragon des *Mille et une Nuits* veille sur les trésors du calife... aie confiance en moi... je me placerai entre toi et la destinée... je recevrai pour toi chaque blessure que la douleur voudra te faire... je recueillerai pour toi chaque goutte de joie qui tombera du ciel, et je te l'apporterai. Appuyée sur mon bras, tu traverseras joyeusement la vie, tu retourneras au ciel, plus belle que tu ne l'as quitté... et les anges, en te regardant, avoueront avec admiration, que l'amour seul peut mettre la dernière main à la femme, c'est-à-dire, à la plus belle œuvre du Seigneur.

LOUISE.

Rien de plus, Ferdinand !... tais-toi ! tais-toi... ne me promets pas tant de bonheur dans l'avenir, à moi qui ne saurais croire, déjà, que le bonheur présent puisse durer.

FERDINAND.

Eh bien !

LOUISE.

Eh bien ! à partir de ce moment, le repos de ma vie est perdu, car tu m'as fait entrevoir dans ce monde un bonheur que je n'espérais que dans l'autre... Oh ! Ferdinand !.. Ferdinand !.. je te dirai comme cette jeune fille de Vérone dont tu m'as fait lire l'histoire... bien-aimé... je serai à toi... ou à la tombe.

UN LAQUAIS, *paraissant sur la porte.*

Son Excellence monsieur le comte de Walter, fait demander monsieur le major à l'instant même.

FERDINAND.

Ah ! mon Dieu ! que veut dire cela ?

LOUISE.

C'est l'orage, Ferdinand... je te l'avais bien dit, c'est l'orage...

FERDINAND.

Retournez, et dites que je vous suis... *(Le laquais sort.)* Louise, Louise... ne crains rien.

LOUISE.

Qu'ai-je à craindre ? ne suis-je pas sûre de mourir si l'on nous sépare ?

FERDINAND.

Louise !...

LOUISE.

Va, Ferdinand !... tu ferais attendre ton père...

FERDINAND.

Au revoir, Louise !...

LOUISE.

Au revoir ! *(Ferdinand sort, Louise va lentement s'agenouiller au prie-Dieu.)* Je crois en Dieu le père tout-puissant, créateur du ciel et de la terre.

TABLEAU II. — UN SALON CHEZ LE PRÉSIDENT DE WALTER.

SCÈNE I.

LE PRÉSIDENT DE WALTER, *entrant avec* WURM.

LE PRÉSIDENT.

Je saurai tout cela aujourd'hui même, car je viens de l'envoyer chercher.

WURM.

Alors Votre Excellence jugera par elle-même de la vérité de mon récit.

LE PRÉSIDENT.

Oh ! je ne le démens pas votre récit, je n'élève de doute que sur ce que vous prétendez que cette fantaisie est un attachement sérieux...

WURM.

Votre Excellence me fait la grâce de m'en demander la preuve ?

LE PRÉSIDENT.

Qu'il fasse la cour à cette petite fille, qu'il lui dise des fadeurs, qu'il jase sentiment avec elle... Ce sont là de ces choses que je trouve possibles et même pardonnables... mais que cela aille plus loin !... Elle est donc jolie cette créature ?

WURM.

Jolie à figurer sans désavantage auprès des premières beautés de la cour.

LE PRÉSIDENT.

Et vous croyez qu'il est son amant ?

WURM.

J'en répondrais... et même... qu'il lui a promis d'être son époux.

LE PRÉSIDENT.

Tant mieux !

WURM.

Comment cela ?

LE PRÉSIDENT.

Oui sans doute... je ne vois dans tout cela que des choses qui me doivent réjouir... Elle est belle, dites-vous ?... c'est la preuve que mon fils a du goût... il s'est fait aimer sur la foi de promesses sérieuses... cela me prouve qu'il a assez d'esprit pour mentir au besoin... et qu'à son tour, il pourra devenir président... Alors, je bois ma bouteille de Johannisberg à la glorification de ma postérité.

WURM.

Tout ce que je désire, c'est que Votre Excellence n'ait pas besoin de boire cette bouteille pour se distraire des ennuis que lui donnera son illustre fils.

LE PRÉSIDENT.

Wurm, souvenez-vous d'une chose, c'est que, lorsqu'une fois j'ai une conviction, je la garde obstinément... Vous voulez m'échauffer à l'endroit de vos propres intérêts, en me les présentant comme miens, et moi, j'en veux faire une plaisanterie... Que vous ayez le secret désir de vous débarrasser d'un rival qui vous gêne .. je le crois de grand cœur... que vous compreniez la difficulté d'enlever cette femme à mon fils, et que vous tâchiez de faire le père complice de cet enlèvement, je comprends encore ; enfin, que de cette charmante drôlerie vous fassiez une profonde scélératesse... cela me ravit... mais, mon cher Wurm, vous comprenez que mon fils se respectera assez lui-même pour ne pas manquer au nom qu'il porte... ainsi donc, puisque je suis tout consolé pour mon compte, consolez-vous pour le vôtre.

WURM.

Son Excellence attribuerait la démarche que j'ai faite aujourd'hui près d'elle à un sentiment personnel ?...

LE PRÉSIDENT.

Eh mon Dieu! oui, je crois que vous avez la sottise d'être jaloux, mon cher... que diable vous importe! niais... mais assez sur ce sujet... Parlons d'une autre chose qui, d'ailleurs par un détour, nous ramènera au point où nous le quittons... Des raisons d'État ont, comme vous le savez, forcé Son Altesse de chercher une seconde femme parmi les princesses d'Allemagne... Celle dont il a fait choix est, à ce qu'il paraît, de mœurs très-sévères... il en résulte, qu'il faut sauver les apparences... Lady Mylfort, cette maîtresse qu'il adore, et dont il ne peut se passer... sera congédiée, en apparence du moins... et pour rendre la séparation plus complète encore, on la mariera... Vous savez, Wurm, l'influence que cette Anglaise exerce sur le prince... et comment celui qui gouverne les passions du prince gouverne le prince lui-même; eh bien! on cherche un parti pour lady Mylfort, mais tandis qu'on le cherche, je l'ai trouvé, moi... pour que le prince reste dans les filets où depuis dix ans je l'ai pris, il faut que Ferdinand épouse lady Mylfort.

WURM.

Je ne crains qu'une chose, Excellence, c'est que le major ne se montre pour vous fils aussi obéissant que vous êtes père tendre... et dans ce cas...

LE PRÉSIDENT.

Dans ce cas?...

WURM.

Dans ce cas, Son Excellence risque fort que sa traite lui revienne avec un protêt.

LE PRÉSIDENT.

Par bonheur, Wurm, vous le savez mieux que personne... vous qui m'avez si efficacement aidé à devenir président... je n'ai jamais été inquiet de l'exécution d'un projet quand je me suis dit à moi-même... il faut que cela soit... or voyez, Wurm... Voici de quelle façon, ceci, comme je vous le disais, me ramène au point où nous en étions tout à l'heure... J'annonce ce matin à mon fils ce mariage, et la figure qu'il me montre justifie ou anéantit mes soupçons.

WURM.

Monseigneur, je vous demande pardon, et j'ai bien peur que le stratagème, ainsi que vous l'avez conçu, ne vous mène pas à grand'chose, car le mécontentement qu'exprimera son visage pourra tout aussi bien venir de la femme que vous lui donnez, que de celle que vous lui faites perdre... Complétez donc votre idée avec la mienne, si vous ne me jugez pas trop indigne d'être votre collaborateur dans l'œuvre diabolique que nous machinons.

LE PRÉSIDENT.

Parle!

WURM.

Quand notre pudique major aura refusé la maîtresse du prince sous prétexte que c'est sa maîtresse... offrez-lui le parti le plus irréprochable de la contrée... et s'il dit oui, révélez à la justice le secret de certaine poudre versée dans certain verre... par votre serviteur, et envoyez-le traîner au bagne le boulet pendant cinq ans.

LE PRÉSIDENT.

Diable!

WURM.

Êtes-vous décidé à suivre mon conseil?

LE PRÉSIDENT.

Oui, car il ne serait pas meilleur quand le démon lui-même l'aurait donné.

WURM.

Seulement, monseigneur, n'oubliez pas que le major est fils du président... et que si le major pouvait deviner...

LE PRÉSIDENT.

Je l'épargnerai, Wurm, sois tranquille.

WURM.

Mais en vous rendant le service de vous délivrer d'une bru peu agréable...

LE PRÉSIDENT.

Tu mérites que je t'assure une femme dont tu as envie... accordé, Wurm; la petite sera à toi avec une dot de quatre mille thalers.

WURM.

Et alors, monseigneur, je vous débarrasse de moi, et vais vivre honnêtement dans quelque petite ville de province... de sorte que vous n'avez plus près de vous personne qui sache...

LE PRÉSIDENT.

Mais sur ce que je t'ai confié tout à l'heure, des causes qui me font désirer le mariage de mon fils avec lady Mylfort... silence, Wurm.

WURM.

Oh! monseigneur, soyez tranquille...

UN VALET DE CHAMBRE, *entrant.*

Son Excellence, le maréchal de Kalb.

SCÈNE II.

LE PRÉSIDENT, LE MARÉCHAL DE KALB.

LE MARÉCHAL.

Bonjour, cher président, bonjour... comment avez-vous reposé, comment avez-vous dormi?... Vous m'excusez, n'est-ce pas, si j'ai tant tardé aujourd'hui à vous offrir mes compliments; mais les affaires les plus graves et les plus pressantes, le menu du dîner à régler... l'arrangement des traîneaux pour la partie d'aujourd'hui... les invitations à faire parvenir à ceux à qui Son Altesse fait l'honneur... et par-dessus tout cela... vous comprenez, il fallait que je me trouvasse au lever de Son Altesse Sérénissime pour lui annoncer le temps qu'il a fait.

LE PRÉSIDENT.

Oh! c'est vrai, maréchal, je sais que c'est une prérogative de votre charge, ou plutôt une faveur que vous vaut votre mérite... le prince ne croit qu'au temps que vous lui annoncez.

LE MARÉCHAL.

Puis, un coquin de tailleur qui m'a tenu trois minutes de plus que je ne comptais lui accorder.

LE PRÉSIDENT.

Et pourtant, toujours exact, toujours prêt, toujours à l'heure... votre réputation est faite sur ce point.

LE MARÉCHAL.

Ma foi, j'ai bien manqué la perdre aujourd'hui. Imaginez-vous qu'il s'en est fallu de sept secondes que j'arrivasse le deuxième au lever de Son Altesse.

LE PRÉSIDENT.

C'eût été une chose inouïe, maréchal.

LE MARÉCHAL.

Et qui entraînerait immanquablement ma perte... Voilà dix ans que le prince me voit entrer, tous les jours à la même heure, par la même porte et avec le même sourire... Jugez de ce qu'il fût arrivé s'il en eût vu entrer un autre.

LE PRÉSIDENT.

Son sourire était dérangé pour tout le temps du lever... Mais, dites-moi, quel épouvantable événement a donc failli désorganiser les rouages de cette grande machine qu'on appelle l'étiquette?

LE MARÉCHAL.

En descendant de voiture, et au moment d'entrer au palais, imaginez-vous que voilà mes deux chevaux qui s'effarouchent, qui se cabrent, qui piaffent, et qui me lancent la boue du ruisseau sur mes culottes... Mettez-vous dans ma position, comte, je n'avais qu'un quart d'heure devant moi; du palais chez moi, c'est un vrai voyage. Paraître crotté devant Son Altesse était impossible... puis, on pouvait reporter au prince pour quelle cause ridicule j'étais retourné... Une idée me vient... une idée sublime... je jette un cri... je feins un évanouissement... on me prend par la tête et par les pieds, on m'emporte dans ma voiture. A peine y suis-je, que je me redresse, et que je crie au cocher: Ventre à terre!... En deux minutes un quart je suis chez moi, en six minutes trois quarts je change de vêtements, en quatre autres minutes je reviens, et je suis encore le premier dans l'antichambre. Que vous en semble, comte?

LE PRÉSIDENT.

Que c'est miraculeux, voilà tout ce que je puis dire... Mais, en ce cas, vous avez donc déjà parlé au duc?

LE MARÉCHAL.

Vingt minutes et demie.

LE PRÉSIDENT.

Ah! ah! et vous avez sans doute quelque importante nouvelle?...

LE MARÉCHAL, *confidentiellement.*

Son Altesse avait ce matin son habit castorine merde d'oie...

LE PRÉSIDENT.

En vérité?

LE MARÉCHAL.

Parole d'honneur!

LE PRÉSIDENT.

Eh bien! nouvelle pour nouvelle, cher maréchal... lady Mylfort épouse dans huit jours le major de Walter.

LE MARÉCHAL.

Bah!... et vous me donnez la chose comme certaine?

LE PRÉSIDENT.

Je vous la donne comme faite, et vous me feriez plaisir, si vous vouliez prendre sans retard la peine d'aller prévenir cette dame de la prochaine visite de mon fils. (*Wurm rentre.*)

LE MARÉCHAL.

Et ce mariage est-il un secret?

LE PRÉSIDENT.

Oui, n'en parlez donc qu'à vos plus intimes.

LE MARÉCHAL.

Oh! vous pouvez y compter, je suis la discrétion même... Adieu, comte... (*Il sort.*)

SCÈNE III.

LE PRÉSIDENT, WURM.

LE PRÉSIDENT.

Maintenant je puis être tranquille... dans trois quarts d'heure toute la ville le saura. Qu'avez-vous à me dire, Wurm?

WURM.

Que le major est là, attendant votre bon plaisir.

LE PRÉSIDENT.

Fais-le entrer.

SCÈNE IV.

LE PRÉSIDENT, WURM, *qui sort immédiatement*, FERDINAND.

FERDINAND.

Vous avez commandé, mon père...

LE PRÉSIDENT.

Oui, mon fils, vous avez dit le mot... commandé... Malheureusement il faut que j'en vienne là quand je veux avoir le plaisir de vous voir... Laissez-nous, Wurm...(*Wurm sort.*) Ferdinand, depuis quelque temps déjà je t'observe, et je te le dirai avec peine, je ne vois plus en toi ce vif et franc jeune homme... qui me charmait tant autrefois... Ton visage si ouvert, si franc, si joyeux, est devenu triste... tu t'éloignes de moi... on ne te voit plus ni dans les cercles, ni dans les maisons où tu avais l'habitude d'aller... Prends garde, Ferdinand, on pardonne à ton âge toutes les folies du monde, plutôt qu'une seule manie... Voyons, quitte tout cela, mon fils, laisse-moi travailler, et ne pense à rien qu'à suivre en riant mes projets...

FERDINAND.

Mon père, vous êtes bon pour moi aujourd'hui, et je vous en suis reconnaissant.

LE PRÉSIDENT, *riant.*

Aujourd'hui... drôle... et encore cet aujourd'hui semble-t-il t'écorcher la bouche... Ferdinand... Parlons raison... Pour l'amour de qui, dis-moi, me suis-je frayé, sur le terrain glissant de la cour, cette route dangereuse jusqu'au cœur du prince? .. Pour l'amour de qui ai-je rompu à tout jamais peut-être avec ma conscience et le ciel... (*Ferdinand fait un mouvement.*) Tu ne peux savoir ce que je veux dire... mais je le sais, moi... Écoute, Ferdinand, je parle à mon fils, que mon fils m'écoute donc... A qui ai-je fait une place... en... écartant mon prédécesseur?... Dis-moi, Ferdinand, voyons, pour qui ai-je fait tout cela?

FERDINAND.

Oh! pas pour moi, Monsieur, je l'espère; pas pour moi... J'aimerais mieux n'être jamais né que d'avoir servi de prétexte à cette action... que j'ignore... et qui, vous le dites vous-même, vous a peut-être à tout jamais brouillé avec votre conscience et avec le ciel.

LE PRÉSIDENT.

Ah! ah! je savais bien qu'à l'université tu avais appris... j'avais payé pour cela... la logique, la rhétorique et la philosophie, mais j'ignorais que tu eusses appris la morale... Enfant ingrat, est-ce ainsi que tu me récompenses de mes nuits sans sommeil, de mes jours sans repos... Eh, mon Dieu! que t'importe ce que j'ai fait ou ce que je n'ai point fait... pourquoi t'inquiètes-tu d'où te vient le bonheur... tu le reçois de seconde main, cela doit te suffire... et le crime, s'il y a eu crime, ne fait point partie de l'héritage.

FERDINAND.

Ne me dites point de ces choses-là, mon père; car au lieu de me persuader, elles me révoltent. Oh! croyez-le bien, je renonce à un héritage que vous me transmettez avec de telles restrictions.

LE PRÉSIDENT.

En vérité, Ferdinand, quoi que j'aie fait à la cour une longue étude de la patience, tu me mets hors de moi avec de pareilles sottises... Mais il faut donc te forcer à reconnaître ton bonheur... le but auquel dix autres tendaient et n'ont pu arriver malgré leurs efforts... tu t'y es trouvé porté dans ton sommeil, pendant que tu dors ou que tu joues... Enseigne à douze ans, capitaine à dix-huit... major à vingt, et je viens encore d'obtenir du prince que tu quitteras l'uniforme pour entrer dans les affaires... au ministère ou dans la diplomatie... Son Altesse a même parlé, je crois, de conseil intime... d'ambassade... de protection particulière... Un splendide avenir s'ouvre devant toi... un chemin sablé de faveurs te mène près du trône... au trône même... si toutefois aux yeux du philosophe le pouvoir lui-même vaut les apparences du pouvoir... Eh, mon Dieu! de quel sang es-tu donc né, et quelle sorte de liqueur coule dans tes veines, si une pareille perspective ne te rend pas à moitié fou de bonheur.

FERDINAND.

Mon père, mes espérances de bonheur, à moi, ne sont point les vôtres; le bonheur des gens de cour, je ne fais allusion à personne, ne se consolide guère que par l'intrigue, et se manifeste presque toujours par la ruine... L'envie, la crainte et la malédiction, voilà les tristes miroirs où se reflète la grandeur de l'homme puissant... Les larmes, les gémissements et le désespoir, voilà le cortége avec lequel ils arrivent tout chancelants aux pieds de Dieu... Quant à moi, mon idéal de félicité se renferme avec satisfaction dans ma conscience, et tous mes vœux sont enfermés dans mon cœur, comme dans un tabernacle, dont ils ne doivent sortir que pour aller plaider la cause de l'humanité aux pieds du Seigneur.

LE PRÉSIDENT.

En vérité, c'est parler comme un sage. Et dans quel livre avez-vous étudié cette belle leçon? je ne le connais pas; mais peut-être aussi est-il défendu par la censure de la cour... N'importe, je ne veux pas laisser perdre ces belles dispositions d'apostat, et dès aujourd'hui je te donne quelqu'un à convertir.

FERDINAND.

Je ne sais ce que vous voulez dire, mon père; daignez vous expliquer, je vous prie.

LE PRÉSIDENT.

Oh! ce ne sera pas long... Je te marie!...

FERDINAND.

Mon père!...

LE PRÉSIDENT.

Pas d'exclamation, c'est chose arrêtée, et sur laquelle il n'y a point à revenir; j'ai envoyé ce matin à lady Mylfort ta carte en ton nom... tu voudras bien te présenter chez elle sans retard, et la traiter comme ta fiancée.

FERDINAND.

Chez lady Mylfort, mon père?

LE PRÉSIDENT.

Oui, chez lady Mylfort, on dirait que tu ne la connais pas.

FERDINAND.

Oh! si fait, mon père... je la connais, moi, et tout le monde... n'est-elle pas pour tout ce duché comme un monument de honte... Mais, en vérité, je suis fou de prendre sérieusement une plaisanterie... Voudriez-vous être le père du lâche fils qui épouserait la maîtresse d'un prince.

LE PRÉSIDENT.

Bien plus, sans mes cinquante ans je l'épouserais moi-même; voudrais-tu être le fils d'un si lâche père?

FERDINAND.

Non, aussi vrai qu'il y a un Dieu au ciel.

LE PRÉSIDENT.

Voici, sur ma parole, une insolence rare, et que je ne pardonne qu'à cause de sa rareté.

FERDINAND.

Oh! mon père, je vous en supplie, ne me laissez pas plus longtemps dans un pareil doute.

LE PRÉSIDENT.

Eh bien, alors, passe du doute à la certitude; j'ai résolu que tu épouserais lady Mylfort, et tu l'épouseras.

FERDINAND.

Mais, en vérité, si je commettais une pareille action, dites-moi, mon père, de quel front oserais-je paraître devant le plus misérable ouvrier, qui, s'il ne possède ni or, ni argent, ni bijoux, possède au moins sa femme tout entière? De quel front oserais-je me montrer devant le monde, devant le prince et devant cette lâche courtisane elle-même, qui, sans laver la honte imprimée sur son front, aurait souillé mon honneur?

LE PRÉSIDENT.

Mais, je vous le demande, d'où sort-il, et où diable va-t-il prendre tout cela!

FERDINAND.

Oh! au nom du ciel et de la terre, mon père, je vous en conjure... l'abjection où vous voulez réduire votre fils ne saurait vous rendre aussi heureux qu'elle le rendra malheureux... mon père, pour votre ambition, demandez-moi ma vie, et je vous donne ma vie si elle peut vous faire monter un degré de plus de l'échelle de la fortune; ma vie, je la tiens de vous, et je n'hésiterai pas un instant à vous la sacrifier... mais quant à mon honneur, je le tiens de mes aïeux qui le tenaient de leurs ancêtres... je le tiens de trois cents ans de gloire et de loyauté, je le défendrai donc contre le monde entier, et même contre vous, mon père.

LE PRÉSIDENT, *changeant complétement de manière, et frappant avec satisfaction sur l'épaule de son fils.*

Bravo, mon cher Ferdinand; à présent je vois que tu es non-seulement un cœur loyal, mais un esprit ferme, un homme enfin, digne de la plus noble femme du duché... Cet après-midi, tu seras fiancé avec la comtesse d'Ostheim.

FERDINAND.

Ah! mon Dieu! mon Dieu! cette heure était donc prédestinée à m'écraser?...

LE PRÉSIDENT.

Qu'en dis-tu Ferdinand... ton honneur n'a plus rien à objecter, je l'espère.

FERDINAND.

Oh! non certes, mon père... Frédérique d'Ostheim est une chaste jeune fille, un de ces rares miroirs où le Seigneur peut refléter son divin visage, car aucun souffle humain ne l'a terni; non certes... et Frédérique d'Ostheim, je le dis hautement, peut faire la gloire de l'homme le plus exigeant sur le point d'honneur.

LE PRÉSIDENT.

Eh bien! Ferdinand, j'attends l'expression de ta reconnaissance...

FERDINAND, *lui prenant la main.*

Mon père, votre bonté m'est un poignant reproche pour tout ce que je vous ai dit tout à l'heure... mon père, recevez mes remerciments les plus sincères pour vos tendres intentions à mon égard... mon père, je le dis à la face du ciel, votre choix est irréprochable... mais je ne puis... mon père, plaignez-moi, je ne puis aimer la comtesse...

LE PRÉSIDENT.

Ah! je te tiens donc maintenant, mon jeune maître, et si rusé renard que tu sois... tu t'es laissé prendre au piége... Ainsi, ce n'était pas ce prétendu honneur exalté si haut qui t'empêchait d'épouser lady Mylfort, ce n'était point la mariée qui te répugnait... c'était le mariage.

FERDINAND.

Oh! mon Dieu! que veut dire cela?

LE PRÉSIDENT.

Cela veut dire, Monsieur, que vous êtes annoncé chez Milady, que le prince a ma parole, que la ville et la cour sont déjà instruits de ce mariage... cela veut dire que si je ne vois pas, je devine la cause de vos refus, et que d'ailleurs pour ne plus conserver aucun doute sur cette cause, je n'ai qu'à écouter certains bruits qui m'arrivent de si bas, qu'ils ne sont pas montés jusqu'à mon oreille... Mais prenez garde, mon fils, je puis me baisser, et alors...

FERDINAND.

Mon père!...

LE PRÉSIDENT.

Alors, si je viens à toucher du doigt l'obstacle infime qui se place entre moi et mon but... je le briserai... mais assez là-dessus, la parade commence... aussitôt le mot d'ordre donné... vous irez chez Milady... prenez garde... je l'ordonne... je le veux... (*Il sort.*)

FERDINAND.

Ah! est-ce bien la voix de mon père que j'ai entendue?... il veut... Eh! oui... j'irai chez elle, et je lui mettrai devant les yeux un miroir! et quand tu t'y seras vue, lady Mylfort... si tu désires encore ma main... si tu veux encore devenir ma femme... oh! en face de la noblesse, en face des troupes, en face du peuple... viens armée de tout l'orgueil de ton Angleterre... et je te repousserai, moi... au nom du chaste honneur de notre belle Allemagne!... (*Il sort.*)

FIN DU PREMIER ACTE.

ACTE II.

TABLEAU III. — BOUDOIR CHEZ LADY MYLFORT.

SCÈNE I.

LADY MYLFORT, *au piano*; SOPHIE, *à la fenêtre.*
(*Lady Mylfort laisse aller ses doigts sur les touches; elle est en négligé du matin.*)

SOPHIE, *quittant la fenêtre.*

Madame, les officiers se séparent; la parade est finie.

LADY MYLFORT.

Et lui?

SOPHIE.

Il n'est pas venu.

LADY.

Il n'est pas venu! (*Elle se lève.*) En vérité, Sophie, je ne sais pas ce que j'ai aujourd'hui,—et j'éprouve des impatiences étranges. — Il n'est pas venu?...

SOPHIE.

Non, Madame.

LADY.

Et tu ne l'as pas même vu passer sur la place d'Armes?

SOPHIE.

Non.

LADY.

C'était pourtant son devoir d'être à cette parade, puisqu'il est major des gardes. — Il est vrai qu'il sait que mes fenêtres donnent sur la place. — N'importe! il eût pu venir, quitte à ne point regarder de mon côté. — Je l'eusse vu, moi, du moins. (*Elle soupire.*) En vérité, j'ai le cœur oppressé, — comme si c'était un grand malheur que d'être un jour sans voir monsieur de Walter!

SOPHIE.

Madame, la journée n'est pas écoulée encore; à peine est-il midi.

LADY.

Il n'est pas midi!... Mon Dieu! que les heures sont longues! — Sophie!...

SOPHIE.

Madame!...

LADY.

Sophie, appelle le piqueur, ordonne-lui de seller pour moi le cheval le plus fougueux de l'écurie! — Il faut que je sorte, — que je respire le grand air, que je voie la campagne, — le ciel, — de grands horizons!... J'étouffe dans cette chambre!

SOPHIE.

Si vous vous sentez souffrante, Madame, réunissez du monde ici; permettez au duc de tenir table ouverte chez vous; faites placer devant votre sopha la table de jeu. Oh! si j'étais lady Mylfort... si j'étais certaine comme vous l'êtes, Madame, qu'un signe de moi suffit pour cela, je voudrais voir le duc et toute la cour à mes ordres, au moindre caprice qui me passerait par la tête.

LADY, *se jetant sur un sopha.*

Épargne-moi, je t'en prie! Bien loin de désirer le voir, bien loin d'essayer à rapprocher de moi ses courtisans... écoute, Sophie, je te donne un diamant par chaque heure où tu pourras me débarrasser de lui et d'eux. Oh! dois-je emplir mes appartements de tout ce misérable monde qu'on appelle une cour. Oh! les pitoyables créatures, mon Dieu! — Et que tu connais peu ces hommes — aux cœurs lâches et complaisants, qui s'épouvantent dès qu'une parole bouillante m'échappe, — dès qu'une idée généreuse me vient, — et qui ouvrent une bouche et des yeux effrayés comme s'ils voyaient passer un fantôme!... Marionnettes, dont je manie le fil aussi facilement que celui de mon filet! — Que veux-tu que je devienne, moi, la femme de la fantaisie et de l'indépendance, au milieu de tous ces automates dont les âmes marchent avec la même régularité que leurs montres? Puis-je éprouver quelque intérêt à leur adresser une question, quand je sais d'avance la réponse qu'ils vont me faire; ou la curiosité d'échanger des paroles avec eux, quand je sais qu'ils n'auront pas le courage d'être d'une autre opinion que la mienne? — Oh! fi d'eux! — Le beau plaisir que de monter un cheval qui ne ronge pas son frein!

SOPHIE.

Oh! des portraits que vous venez de tracer, Madame, vous excepterez cependant Son Altesse. — C'est-à-dire l'homme le plus beau, le plus passionné, le plus spirituel de tous ses États.

LADY.

Oui, parce que ses États sont à lui! — En vérité, je te le dis, Sophie, — il n'y a que ce pouvoir souverain qu'il tient de sa naissance qui puisse me donner une excuse, — non pas à mes propres yeux, mais aux yeux du monde! — Tu dis que je fais envie; — pauvre fille!... Dis, au contraire, que je dois faire pitié.

SOPHIE.

Oh!

LADY.

Oui, car de tous ceux qui s'abreuvent du sein d'une majesté, la favorite est la plus à plaindre; la favorite est la plus mal partagée, car elle seule au fond du cœur du prince découvre les misères de l'homme. Il est vrai qu'il peut, avec ce talisman de la puissance que lui a légué son père, faire surgir de terre comme un palais magique chaque caprice de son esprit. Il est vrai qu'il peut réunir sur sa table les fruits les plus savoureux des deux Indes; il est vrai qu'il peut changer un désert aride en un jardin enchanté. — Mais peut-il ordonner à son cœur de battre avec noblesse et avec ardeur contre un cœur noble et ardent? Peut-il faire naître dans son cerveau une de ces pensées sublimes, — comme Dieu en a laissé tomber à pleines mains sur le front de nos divins poëtes? — Non, non, il ne peut rien de tout cela! — c'est-à-dire rien de ce que j'ambitionne, rien de ce que j'envie, rien de ce qui fait la gloire de la maîtresse! Oh! si au lieu d'être enchaînée à ce prince ignoré, perdu dans l'ombre de sa propre grandeur, — j'eusse aimé quelqu'un de ces hommes à qui Dieu a mis au front, au lieu d'une couronne d'or, une couronne de lauriers, — l'avenir le plus lointain aurait su qu'une autre Béatrix, — ou qu'une nouvelle Laure avait existé!

SOPHIE.

Combien y a-t-il donc de temps que je vous sers, Milady?

LADY.

C'est parce que tu n'apprends à me connaître que d'aujourd'hui que tu me fais cette question, n'est-ce pas? Eh bien! apprends donc une chose: c'est que je n'ai jamais compris mon cœur dans un honteux marché. De sorte que, quoique ma personne soit souillée, mon cœur, demeuré libre et fier, est peut-être encore digne d'un honnête homme. Oui, oui, Sophie, l'air empoisonné de la cour a glissé sur le cœur, comme le souffle glisse sur un miroir. — Et crois-moi, j'eusse depuis longtemps déjà abandonné ce pauvre prince, si j'avais pu obtenir de mon ambition qu'elle cédât la place à une rivale.

SOPHIE.

Oh! Madame, madame! je n'aurais pas cru que la bouche d'une femme pût jamais laisser échapper de pareilles vérités!

LADY.

Et pourquoi cela, chère Sophie? Est-ce qu'on ne voit pas, à la manière dont nous tenons le sceptre, — nous autres femmes, — que nous ne sommes que des enfants habitués à tenir des hochets? N'as-tu pas deviné que toutes ces fantaisies capricieuses, que cette soif incessante de plaisirs, n'étaient rien autre chose que des moyens d'étouffer dans mon cœur le seul désir — que je n'avoue jamais, parce qu'il le remplit sans cesse?

SOPHIE.

Milady!

LADY.

O Sophie, Sophie! quel jour que celui où il me dira — que les larmes qui tremblent à mes paupières sont plus brillantes que les diamants qui étincellent dans mes cheveux! Oh! le jour où il me dira cela, je jetterai aux pieds du prince son cœur et sa principauté, — et je fuirai, avec Walter, — jusqu'au fond des déserts les plus reculés, — jusqu'aux dernières limites de ce monde!

SOPHIE.

Oh! que dites-vous là, Madame!

LADY.

Des choses qui font pâlir d'effroi, n'est-ce pas?... Eh bien! puisque j'ai commencé la confidence, il faut que je l'achève. — Puisque ma bouche n'a pu se taire, il faut que je ferme à jamais la tienne par une confiance sans réserve. Écoute donc encore, écoute tout.

SOPHIE.

Par grâce, Madame, pas un mot de plus.

LADY.

Ce mariage avec le major, *ce mariage que l'on croit une intrigue de cour;* cette combinaison que l'on attribue au cerveau inventif du président: — Eh bien! Sophie, c'est l'ouvrage de mon amour!

SOPHIE.

Oh! j'en avais le pressentiment!

LADY.

Ils se sont laissé tromper tous, Sophie! Le faible prince, le rusé courtisan, le sot maréchal, chacun d'eux en particulier, et tous ensemble jureraient que c'est le moyen le plus infaillible de me conserver au duc, et d'ajouter un nouveau lien à tous ceux qui nous enchaînent. Oh! trompeurs trompés! — Fins diplomates, fins courtisans, — joués par une femme! — Vous m'amenez celui que je cherche, vous poussez dans mes bras celui que mes bras attendent tout ouverts! Vous m'ordonnez de faire semblant d'aimer celui que j'aime, à lui donner mon sang, — bien, bien! qu'il consente seulement à devenir mon époux, — et alors, à tout jamais, adieu — à cette infâme puissance que je maudirais éternellement si ce n'était elle qui me rapproche de lui!...

(*Musique.*)

SOPHIE.

Silence, silence, Madame, au nom du ciel! on vient!...

SCÈNE II.

LES PRÉCÉDENTS, UN VIEUX SERVITEUR DU PRINCE, *portant un écrin.*

LE VALET DE CHAMBRE.

Son Altesse Sérénissime présente ses hommages à Milady, et lui envoie ces diamants qui arrivent à l'instant même de Venise.

LADY *ouvre l'écrin.*

Oh!

LE VALET.

Ils sont beaux, n'est-ce pas?...

LADY.

Combien le duc a-t-il payé ces diamants?

LE VALET.

Payé!... Ils ne lui coûtent pas un denier, Milady.

LADY.

Comment! — Es-tu fou! Pourquoi me regardes-tu donc ainsi?... Ces diamants, d'une valeur inestimable, ne lui coûtent rien, dis-tu?...

LE VALET.

Hier, sept mille enfants du pays sont partis pour l'Amérique. — Ce sont ceux-là qui ont payé ces diamants, et non pas le prince.

LADY.

Oh!... (*Elle jette les diamants sur la table et se promène vivement; puis s'arrête devant le valet de chambre.*) Qu'as-tu, mon ami? je crois que tu pleures.

LE VALET.

J'avais deux fils, madame, parmi ceux qui sont partis.

LADY.

Mais aucun d'eux n'a été forcé?

LE VALET.

Oh! non — non, Milady! — Tous étaient de bonne volonté. — Quelques étourdis sortirent bien des rangs, et demandèrent au colonel combien le prince vendait le sang des hommes, mais alors...

LADY.

Alors?

LE VALET.

Alors il y eut un changement de marche. — On dirigea les régiments vers la place d'Armes, et là on fusilla ceux qui avaient fait cette indiscrète question. — Nous entendîmes la fusillade. — Nous vîmes le sang jaillir de leurs blessures; — ils tombèrent mourants ou morts, et toute l'armée s'écria: Vive notre bon prince!... Partons pour l'Amérique!...

LADY.

O Dieu! Dieu tout-puissant!... Et je n'ai rien remarqué, — rien entendu, — rien appris!

LE VALET.

O noble dame! pourquoi étiez-vous précisément à la chasse avec notre seigneur lorsqu'on donna le signal du départ? — Vous n'eussiez cependant pas dû négliger ce glorieux spectacle! Il y avait là des orphelins qui suivaient un père vivant encore. — Il y avait des mères désolées qui présentaient leurs enfants aux baïonnettes des soldats. — Il y avait là des fiancés que l'on séparait de leurs fiancées à coups de sabre... C'étaient des cris, des sanglots, des imprécations!...

LADY.

O mon Dieu! mon Dieu!

LE VALET.

Mais, pendant tout cela, — des roulements de tambour, — sans doute pour empêcher celui qui est là-haut, — d'entendre ce qui se faisait en bas.

LADY.

Oh! loin de moi ces pierreries! Ce feu dont elles brillent est plus dévorant pour mon cœur que ne le serait celui de l'enfer! Oh! calme-toi, calme-toi, pauvre vieillard!... Tu les reverras, tes fils, — ils reviendront! (*Elle va à la cheminée.*)

LE VALET.

Le ciel le sait! — En attendant, à la porte de la ville, ces malheureux se retournèrent en criant: Dieu soit avec vous, femmes et enfants! vive notre souverain!... au jour du jugement dernier, — il sera parlé de tout ceci!...

LADY.

Oh! affreux!... affreux!... à moi, moi, à qui l'on osait dire que j'avais séché toutes les larmes du pays! — Va, mon ami! (*Le valet veut sortir, elle lui met sa bourse dans la main.*) Va, et prends cette bourse, puisque tu es le premier qui m'aies dit la vérité.

LE VALET, *rejetant la bourse sur la table.*

Mettez-la avec le reste! (*Il sort.*)

LADY.

Sophie, Sophie! cours après lui! — demande-lui son nom!... oh! j'en jure Dieu! ses fils lui seront rendus!... (*Sophie sort.*) Suis-je assez humiliée, — suis-je assez punie!

SOPHIE, *rentrant.*

Il n'a pas voulu me répondre, Madame.

LADY.

C'est bien! Tu t'informeras!... Écoute: le bruit n'a-t-il pas couru dernièrement que le feu avait dévoré une ville des frontières, et réduit à la mendicité plus de quatre cents familles?

SOPHIE.

Pourquoi pensez-vous à cela, Madame?

LADY.

Était-ce vrai? je te le demande!

SOPHIE.

Hélas! oui. Et la plupart de ces malheureux sont entrés chez leurs créanciers comme domestiques, ou creusent les mines d'argent du prince.

LADY.

Sophie, tu porteras cette parure chez mon bijoutier. Qu'il en fasse de l'argent le plus vite possible; — et que cet argent soit distribué aux quatre cents familles incendiées!

SOPHIE.

Milady, songez-vous à quoi vous vous exposez ?...

LADY.

Tout ! oh ! tout, plutôt que de porter dans mes cheveux la malédiction de tout un peuple !

SOPHIE.

Mais des pierreries comme celles-là, Madame ! Vous en avez de moins précieuses !

LADY.

Sophie, Sophie ! les pleurs de joie qu'elles feront couler — auront plus de prix aux yeux du Seigneur que toutes les perles et tous les diamants du monde !

SCÈNE III.

LES MÊMES, UN VALET.

LE VALET.

Monsieur le major de Walter !

LADY.

O mon Dieu !

SOPHIE.

Vous pâlissez !...

LADY.

Oh ! c'est la première fois que j'éprouve un pareil frissonnement, dites que je suis indisposée. — Non, non, ne dites pas cela ! — Moi, qui l'appelais avec toutes les voix de mon cœur !... Il vient, — et quand il est là, — j'hésite, je tremble. — Dites-moi : C'est bien le major de Walter, le fils du président, n'est-ce pas ?...

LE VALET.

Oui, Madame.

LADY.

Quel visage a-t-il ?... semble-t-il joyeux ou triste ?... oh ! en vérité Sophie, je suis affreuse...

LE VALET.

Dirai-je à monsieur le major que madame ne peut le recevoir ?..

LADY.

Non, au contraire, qu'il soit le bienvenu. (*Le valet sort.*) Oh ! que lui dire ? de quel air le recevoir ? Je ne trouverai pas une parole à lui répondre ! Tu me quittes, Sophie ? — Reste. — Mais non, tu as raison ; il vaut mieux... oh ! je n'oserai jamais !... reste, Sophie, reste ! (*Musique.*)

SOPHIE.

Chut, Madame ! il est déjà là !

SCÈNE IV.

LES PRÉCÉDENTS, FERDINAND.

FERDINAND.

Je vous interromps, Madame...

LADY.

Oh ! en rien d'important, Monsieur ; vous le voyez. — J'étais là à ma toilette.

FERDINAND.

Madame, je viens sur l'ordre de mon père.

LADY.

Je suis obligée à votre père, monsieur le major.

FERDINAND.

Je viens pour vous dire que nous nous marions, à ce qu'il paraît.

LADY, *fait signe à Sophie.*

Et c'est l'ordre seul de votre père qui vous amène, Monsieur ?...

FERDINAND.

L'ordre seul de mon père, Madame.

LADY.

Ainsi, votre cœur n'est pour rien dans la démarche que vous faites en ce moment ?

FERDINAND.

Madame, les ministres et les entremetteurs n'ont point l'habitude de s'informer de ces choses-là...

LADY.

Et, personnellement, vous, vous n'avez rien à ajouter, monsieur le major ?

FERDINAND.

Oh ! si fait, Madame, beaucoup, au contraire !

LADY, *fait signe à Sophie de sortir.*

Oserai-je vous inviter à vous asseoir sur ce sopha ?...

FERDINAND, *saluant, mais restant debout.*

Beaucoup de choses peuvent se dire en peu de mots. — Je serai bref, Milady.

LADY, *avec dignité.*

Faites à votre guise, Monsieur. — J'attends.

FERDINAND.

Milady, — je suis homme d'honneur.

LADY.

Personne n'en doute, Monsieur.

FERDINAND.

Gentilhomme.

LADY.

Il n'y en a pas de meilleur dans tout le duché.

FERDINAND.

Et de plus, — officier.

LADY.

Vous n'indiquez là que des avantages qui vous sont communs avec d'autres ; pourquoi n'en faites-vous point valoir qui vous soient personnels ?...

FERDINAND.

A quoi bon, ici, Madame ?

LADY.

Monsieur. — Que dois-je penser de cet étrange préambule ?...

FERDINAND.

Que l'honneur est un obstacle insurmontable, Madame, aux choses qui ne sont pas honorables.

LADY.

Monsieur le major ! que signifie ce langage, je vous prie ?...

FERDINAND.

Ce langage est celui que vous parlent à la fois mon cœur, mon blason et mon épée. Je regretterais d'avoir besoin de vous l'expliquer.

LADY.

Cette épée ! C'est le prince qui vous l'a donnée.

FERDINAND.

C'est-à-dire, l'État, par les mains du prince. Mon blason, je l'ai reçu de mes ancêtres. — Quant à mon cœur, il me vient de plus haut, car il me vient de Dieu. Eh bien ! je rendrai mon cœur à Dieu, mon blason à mes descendants, mon épée à la patrie, purs comme je les ai reçus !

LADY.

Cependant, Monsieur, si le duc...

FERDINAND.

Le duc est bien puissant, Madame !..... Cependant, mes actions sont une monnaie que je le défie de frapper au coin de sa volonté, lorsque cette volonté ne sera pas la mienne ! Lui-même n'est pas au-dessus des lois de l'honneur ; il peut jeter aux épaules de la honte un manteau d'hermine, voilà tout : mais l'honneur resté nu n'en brillera que mieux.

LADY.

Oh ! monsieur le major, je n'ai point mérité cela !

FERDINAND, *lui prenant la main.*

Pardonnez-moi, Madame ; j'ai été trop loin peut-être... Mais nous sommes seuls ici, nous nous expliquons sans témoins, et la circonstance qui nous réunit, pour une seule fois, et qui jamais ne se rencontrera plus... m'autorise... je dirai plus, me force, à mettre au jour, devant vous, mes sentiments les plus secrets... Ecoutez-moi donc, Milady !

LADY.

Je vous écoute, Monsieur...

FERDINAND.

En vérité, je ne puis comprendre qu'une femme douée, comme vous l'êtes, de tant de qualités qu'un homme eût appréciées, et payées de son amour ait pu s'abandonner aux désirs d'un prince qui ne sait admirer en elle que sa beauté ; et que, dans cette position étrange, cette femme n'ait pas honte d'offrir sa main à un gentilhomme !

LADY.

C'est la première fois, Walter, qu'on ose me tenir un pareil langage ; et vous êtes le seul homme qui, me l'ayant tenu, puissiez obtenir de moi une réponse. Que vous refusiez ma main, je vous en estime davantage ; que vous brisiez mon cœur, je vous le pardonne... Mais que vous me mettiez aussi bas dans votre esprit que vous le dites...... je n'en crois rien ! celui qui offense de cette façon une femme, quand il sait qu'à cette femme il n'est besoin que d'une nuit pour le perdre, celui-là est insensé... ou suppose à cette femme une âme bien généreuse. Vous me rendez responsable de la ruine du pays !... Que le Dieu tout-puissant qui mettra un jour face à face le prince, vous et moi, vous pardonne un pareil appel à la vengeance céleste ! Maintenant vous me demandez d'où je viens, et qui je suis. — Eh bien ! je vais vous le dire. (*Elle se lève.*)

FERDINAND.

A mon tour, je vous écoute, Madame !

LADY.

Oui, oui, écoutez-moi, car vous allez entendre ce que vous seul aurez entendu, et ce qu'aucun autre n'entendra jamais. Walter, je ne suis point l'aventurière inconnue que vous voyez en moi, et que vous avez cru écraser sous cette simple question : Qui êtes-vous ? d'où êtes-vous ? Qui je suis ? je vais vous le dire. D'où je viens ? vous le saurez, Walter. Je suis de cette malheureuse race qui se sacrifia pour Marie l'Écossaise, Walter, je suis du sang princier des Norfolk !... je n'en suis tombée que plus bas, étant venue de plus haut. Aussi, ne dis-je point cela pour m'excuser, mais pour vous répondre : voilà qui je suis ; voilà d'où je viens. (*Elle se lève.*) Mon père, premier chambellan du roi d'Angleterre, fut accusé d'entretenir des relations criminelles avec la France, condamné à mort par arrêt du parlement, et décapité... Attendez : l'arrêt portait que tous nos biens seraient confisqués au profit de la couronne... Ils le furent. L'arrêt portait que nous serions bannies ! seulement, ma mère, plus heureuse que moi, mourut le jour même où elle quitta l'Angleterre ; et moi, deux fois orpheline en huit jours ; moi, pauvre jeune fille de quatorze ans, je gagnai l'Allemagne avec ma gouvernante, n'ayant sauvé de ce naufrage, où avait sombré notre immense fortune, qu'une cassette contenant quelques bijoux précieux, et cette croix de famille, que ma mère passa à mon cou, en me donnant sa dernière bénédiction.

FERDINAND.

Oh ! Milady !...

LADY.

Attendez, attendez encore !... Malade, sans nom, sans appui, sans fortune ; étrangère au pays, comme aux hommes, j'arrivai à Hambourg. Hélas ! au temps de ma haute fortune, je n'avais rien appris qu'un peu de français, de musique et de dessin. En effet, qu'avait besoin de savoir autre chose celle qu'on servait dans la vaisselle d'or, celle qui dormait sous des couvertures de brocart, celle qui n'avait qu'à faire un signe pour voir accourir des valets empressés à satisfaire ses moindres fantaisies. Six ans se passèrent dans les larmes. Alors, ma destinée amena votre duc à Hambourg. Deux jours auparavant ma gouvernante était morte. La veille j'avais vendu mon dernier bijou... Le matin même de son arrivée, je me promenais au bord de l'Elbe, je regardais le fleuve, je suivais de l'œil son cours rapide, et je me demandais laquelle était la plus profonde, de ma douleur ou de son eau !... Le duc me vit en ce moment !.. Par malheur, il me restait encore de quoi vivre un jour... je remis ma mort au lendemain... et je rentrais chez moi... sans m'apercevoir que j'étais suivie... Le soir, le duc était à mes pieds, ayant appris tout ce que je viens de vous dire, et me jurant qu'il m'aimerait ! que voulez-vous, Walter ; à sa voix pleine de séduction et de promesses, tous les souvenirs dorés de mon enfance se réveillèrent. J'allais mourir... A vingt ans, on ne meurt pas sans regrets... Je me rattachai à la vie ! Mon pauvre cœur isolé brûlait de trouver un autre cœur... Je m'abandonnai au sien, et je cédai à l'espérance... croyant céder à l'amour... et maintenant que vous savez tout, Walter, accusez-moi, jugez-moi, condamnez-moi !...

FERDINAND.

Oh ! Milady ! Milady ! qu'ai-je entendu ! oh ! c'est moi qui suis le coupable ! c'est moi qui suis devant mon juge !... C'est moi qui attends mon pardon ! Mais je le sens bien, vous ne me pardonnerez jamais.

LADY.

Et cependant, l'illusion ne fut pas longue ! le sang des Norfolk se révoltait en moi !... Il me criait que je ne pouvais me faire pardonner mon abaissement qu'à force de bienfaits répandus ! Alors, je voulus être la femme que vous me reprochez de ne pas être, Walter ; l'ange gardien de ce pauvre peuple, dont les grands, les courtisans et les favorites faisaient, à l'envi, leur victime... J'appelai alors à mon aide tout ce que la nature avait mis en moi de ressources : esprit, beauté, coquetterie. Les grands reconnurent mon influence, les courtisans s'inclinèrent devant moi, les favorites disparurent pour me faire place. Alors, Walter, alors, pour la première fois, ta patrie sentit qu'une main humaine avait pris les guides de sa destinée ; et respirant avec plus de liberté, s'abandonna avec plus de confiance. Hélas ! pourquoi faut-il que mon malheur me force à produire mes vertus mystérieuses et cachées devant le seul homme dont j'eusse désiré être connue, sans avoir besoin de me faire connaître !... Walter, ce n'est pas ma faute si je n'ai point tout appris. Ne semble-t-il pas aux hommes que Dieu lui-même, cette suprême justice, cette suprême bonté, ne semble-t-il point, quelquefois, que Dieu ignore ce qui se passe sur la terre ? Walter, j'ai ouvert les cachots : Walter, j'ai abrégé l'affreuse perpétuité des galères ; Walter, j'ai déchiré des arrêts de mort au moment où la victime mettait le pied sur la première marche de l'échafaud. Dans des plaies que je ne pouvais guérir, j'ai versé le baume de l'espérance. J'ai, en m'imposant cet éternel sourire que les princes veulent voir aux lèvres de tous ceux qui les entourent, souvent couché dans la poussière les puissants qui croyaient leur puissance éternelle. J'ai parfois, enfin, avec une larme tremblante à la paupière de la courtisane, sauvé le cœur déjà perdu de l'innocence. Oh ! Walter, Walter, que ce rôle était doux pour moi ! avec quelle fierté mon cœur, dans de pareils moments, repoussait les reproches de ma naissance princière ! Et maintenant, maintenant vient l'homme que mon destin lassé devait me garder comme compensation à toutes mes douleurs, l'homme que j'attirais à moi dans les désirs ardents de mes rêves, l'homme que je croyais une chimère de mon cœur, et qui cependant était une vivante réalité !... Et voilà que cet homme, mon seul bonheur, ma seule espérance, ma seule joie, — voilà que cet homme me repousse, me méprise, me maudit ! Oh ! mon Dieu ! — Mon Dieu ! que réservez-vous donc là-haut à la pauvre créature à qui vous faites subir ici-bas de si cruelles épreuves ?...

FERDINAND.

Oh ! c'en est trop, c'en est trop ! Milady ! Vous deviez vous justifier d'une accusation, et vous faites de moi un coupable !... Oh ! à votre tour, épargnez-moi, je vous supplie !

LADY.

Non, non, tu es venu chercher une explication, il faut que tu l'obtiennes tout entière ! tu es venu arracher le voile de la courtisane ; la courtisane t'a montré l'héroïne d'abord ; il faut que maintenant elle te montre la femme ! Walter, Walter, écoute ce qui me reste à te dire ! Si du fond de l'abîme où elle est tombée, poussée par cette destinée fatale, par cette nécessité aux bras de fer, contre lesquels viennent se briser les âmes les mieux trempées ; — si du fond de cet abîme, une malheureuse, attirée par une puissance irrésistible, s'élançait vers toi avec un cœur plein d'amour, Walter, et que tu prononçasses encore ce cri terrible d'honneur ! Walter, si cette malheureuse, accablée par le sentiment de sa honte, mais héroïquement relevée par le cri de la vertu, se jetait, non pas dans tes bras, mais à tes pieds ! si elle pouvait être sauvée par toi, rendue au ciel par toi ! ou, si, repoussée par toi, elle devait, pour fuir ton image, et obéissant au terrible conseil de la folie, se rejeter plus avant qu'elle n'a fait encore, dans les profondeurs du vice ! Walter, ne tendrais-tu pas la main à cette femme ? Walter, prendrais-tu sur toi la responsabilité de son désespoir ?...

FERDINAND.

Oh ! non, non ! par le Dieu tout-puissant, je ne saurais supporter cela ! Milady, Milady ! relevez-vous ! il faut que je vous fasse un aveu.

LADY.

Pas à présent ! pas à présent. Par tout ce qu'il y a de plus sacré à cette heure terrible, où mon cœur saigne de mille coups de poignard ! pas à présent, car si cet aveu ne devait pas achever de me tuer, tu l'eusses déjà fait. Oh ! non, je n'ose pas ; je ne veux pas t'entendre !

FERDINAND.

Et cependant, Madame, il le faut ! ce que je vais vous dire adoucira ma faute : ce que vous allez apprendre sera l'excuse du passé. Je me suis mépris sur vous, Milady ; je m'attendais à vous trouver digne de mon mépris ; je le désirais même. Je suis venu ici, résolu à vous offenser, décidé à mériter votre haine. Heureux tous deux, Madame, si ce plan de guerre eût réussi ! — J'aime, Madame, j'aime non pas une brillante duchesse, mais une modeste fille de la bourgeoisie : Louise, la fille du musicien Miller ! — Oh ! Madame, je sais où je me précipite ; mais si la prudence ordonne à la passion de se taire, l'honneur parle plus haut que la prudence !... Madame, je suis le coupable, le seul coupable ! élevée loin de moi, cette jeune fille n'eût jamais songé à moi. Je l'ai découverte dans son obscurité, j'ai été la chercher dans sa retraite : le premier j'ai troublé la paix dorée de son innocence ; j'ai bercé son cœur d'espérances chimériques ; j'ai livré son âme, pure et calme jusque-là, aux passions tumultueuses qu'elle n'eût jamais connues sans moi. Vous me rappellerez ma condition, ma naissance, les principes inflexibles de mon père ; à tout cela, Milady, je répondrai un seul mot : J'aime ! C'est un duel entre le préjugé et l'amour. — Nous verrons lequel des deux restera sur la place !... Eh bien ! eh bien ! n'avez-vous rien à me répondre, Milady ?...

LADY.

Rien, Monsieur, rien. — Si ce n'est que vous entraînez dans l'abîme, vous, moi... et une troisième personne...

FERDINAND.

Et une troisième personne !...

LADY.

Nous ne pouvons être heureux l'un par l'autre, il faut que nous soyons malheureux ensemble. Depuis ce matin tout le monde sait que vous devez être mon époux : votre père lui-même l'a annoncé à tout le monde.

FERDINAND.

Oh ! Madame, Madame ! pouvez-vous forcer la main sans le cœur ! voulez-vous enlever à une pauvre enfant celui qui est pour elle tout l'univers ? séparer un homme d'une jeune fille qui est le monde entier pour cet homme ? Le pouvez-vous, Milady, vous qui, tout à l'heure, étiez cette admirable, cette noble femme, plus grande par sa faute qu'aucune autre ne l'a jamais été par sa vertu ?

LADY.

Et moi je vous dis, monsieur le major, que je suis à cette heure l'objet de toutes les conversations de la résidence ; je vous dis que tous les yeux sont fixés sur vous et sur moi; je vous dis que mon amour méprisé, repoussé, foulé aux pieds, pardonnerait peut-être; mais que mon orgueil se révolte et ne peut supporter un pareil outrage... Hier, il était temps encore; ce matin, il est trop tard!... Vous étiez venu chercher la guerre ici, Monsieur; eh bien! la guerre! la guerre!...

FERDINAND.

Oh! j'aime mieux cela! j'aime mieux cela! et j'aurai plus de force contre vos menaces que contre vos larmes! merci, Madame, merci! (*Il sort.*)

TABLEAU IV. — LA MAISON DE MILLER.

SCÈNE I.

MILLER, *sa* FEMME, *puis* LOUISE.

MILLER, *entrant vivement.*

Je te l'avais prédit, femme!..

LA FEMME.

Eh quoi donc, mon Dieu! quoi?...

MILLER, *jetant sa veste.*

Mon habit de cérémonie, lestement! voyons, il faut que je le devance! Une chemise blanche, à manchettes!... Oh! j'avais bien vu d'abord où tout cela nous mènerait!

LA FEMME.

Mais, au nom de Dieu! que se passe-t-il?...

LOUISE, *entrant.*

Oui, que se passe-t-il, mon père? dites...

MILLER.

Ce qui se passe!... (*Il se regarde dans le miroir.*) Et ma barbe qui est longue d'un doigt!... Il se passe... que Dieu ne sera pas juste, ou que tout retombera sur toi!

LA FEMME.

Sur moi! toujours sur moi!...

LOUISE.

Ma mère! ma mère! du courage! mon père souffre beaucoup puisqu'il dit de ces choses-là...

LA FEMME.

Sur moi...

MILLER.

Oui, sur toi! je le répète... Car, hier, je te l'ai dit: c'est ta rage que de parler du jeune baron. Tu en as parlé avec Wurm, et Wurm en a parlé avec le père!

LOUISE.

Mon Dieu!

LA FEMME.

Comment peux-tu savoir cela? dis...

MILLER.

Comment je le sais? Là, sous la porte de la maison, il y a un drôle qui guette, un drôle qui vient de chez le ministre, et qui demande le musicien.

LA FEMME.

Je suis morte!

MILLER.

Ah! l'on a bien raison de dire: quand le diable a pondu un œuf dans un ménage, il en sort une jolie fille!... Eh bien, maintenant, femme, vois-tu clairement ce dont il s'agit?

LA FEMME.

Mais d'où sais-tu qu'il est question de Louise? Wurm m'avait promis de te recommander au duc. Peut-être l'a-t-il fait; peut-être t'envoie-t-il chercher pour te donner une place à son théâtre.

MILLER.

Que la peste t'étouffe! A son théâtre, il y songe bien! Dieu du ciel! que va-t-il arriver?

LOUISE.

Mon père! ma mère!... Oh! pourquoi donc tremblé-je ainsi tout à coup!...

MILLER.

Mais que ce gratte-papier, que ce buveur d'encre, se représente jamais à ma porte!... Que je l'atteigne... soit en ce monde, soit en l'autre!... et si je ne lui pile pas le corps avec l'âme... la chair avec les os!... qu'il n'y ait pas de miséricorde pour le vieux Miller au jour du jugement dernier!...

LA FEMME.

Oui, jure et fais du bruit!... Tu sais bien qu'au lieu de chasser le diable d'une maison, les malédictions l'y attirent. Comment sortir de là, mon Dieu! quel parti prendre? que faire?... Mais parle donc, père Miller... parle donc!

MILLER.

Que faire?... le sais-je plus que toi ce qu'il y a à faire! Oh! tu savais tout cela avant moi; tu aurais pu me faire un signe. — Louise eût écouté nos conseils!... il en était temps encore... mais non; Au lieu d'éteindre cette flamme d'enfer, tu as encore été jeter du bois dessus, et maintenant... maintenant... moi, je prends ma fille sous mon bras et je passe la frontière avec elle.

SCÈNE II.

LES MÊMES, FERDINAND DE WALTER.

FERDINAND, *se précipitant dans la chambre.*

Mon père est-il venu ici?

LOUISE.

Ah!...

LA FEMME.

Le président? c'en est fait de nous!

MILLER.

Dieu soit loué! voici la fête qui commence.

FERDINAND, *prenant Louise dans ses bras.*

Oh! ne crains rien, Louise! tu es à moi, bien à moi!... et ni l'enfer ni le ciel ne nous sépareront?...

LOUISE.

Ferdinand, nous sommes perdus! tu as fait une question terrible, — tu as demandé si ton père était venu ici!

FERDINAND.

Rien, rien!... je n'ai rien dit! Ne crains rien, c'est passé! — je te suis rendu. Ah! laisse-moi reprendre haleine sur ton cœur... Oh! ce fut une heure terrible, Louise! Dieu te garde d'une heure pareille!...

LOUISE.

Oh! Ferdinand, tu me fais mourir!

FERDINAND.

Comprends-tu, Louise... une heure pendant laquelle une autre figure a passé entre mon cœur et toi... où mon amour a pâli devant ma conscience... où Louise a cessé d'être tout pour Ferdinand!

LOUISE.

Que dis-tu?... que dis-tu?...

FERDINAND.

Oh! regarde, regarde, lady Mylfort!... et dis-moi s'il est possible que j'égorge cet ange... que je mette l'enfer dans cette âme céleste!... Non, je veux la conduire devant le trône de Dieu comme mon épouse en ce monde et dans l'autre! et Dieu jugera entre le père et le fils. Oh! relève-toi, bien-aimée! Bien-aimée, reprends courage!... car je reviens victorieux du plus redoutable combat que j'aie jamais livré!

LOUISE.

Ne me cache rien, Ferdinand! Ferdinand, prononce, s'il le faut, l'effroyable sentence! Tu as nommé ton père, — tu as nommé lady Mylfort!... On a parlé du mariage prochain de cette femme avec un des premiers gentilshommes de la cour! Cet homme, à qui on veut la faire épouser, comment se nomme-t-il?

FERDINAND.

Il se nomme Ferdinand de Walter.

LOUISE, *avec calme.*

Eh bien! qu'ai-je donc?... et pourquoi ai-je ressenti dans mon cœur une douleur comme si mon cœur se brisait? Le vieillard qui est là me l'avait dit souvent et je ne voulais pas le croire... (*Se détournant de Walter et se jetant dans les bras de Miller.*) Oh! père!... père, voici ta fille qui te revient... Pardonne-lui!... pardonne-lui!... Hélas!... ce n'est pas sa faute si le rêve était si beau... et si maintenant le réveil est si terrible!...

MILLER.

Louise, Louise! ma fille, ma pauvre enfant!... Oh! malédiction sur celui qui l'a séduite! malédiction sur celle qui a aidé à la séduire!

LA FEMME, *tombant aux genoux de Louise.*

Est-ce que je mérite cette malédiction, ma fille? Oh! que Dieu vous pardonne, Monsieur; mais c'est vous qui tuez mon enfant!

FERDINAND.

Mais quand je vous dis qu'elle est ma fiancée; quand je vous dis qu'elle est ma femme; quand je vous dis que, prince, père, maîtresse, tout se brisera devant ma volonté... Et si vous en doutez, eh bien à l'instant même!... je vais tout dire au duc, et la lutte commencera.

LOUISE.

Reste, reste, Walter! Où vas-tu? Mon père, ma mère! il nous abandonne à cette heure terrible! Walter?...

LA FEMME.

Le président va venir ici, monsieur de Walter. Il va venir... vous l'avez dit. Il maltraitera notre enfant, il nous maltraitera. Au nom du ciel, restez pour nous défendre! Ne nous abandonnez pas, monsieur de Walter, ne nous abandonnez pas!

MILLER.

Et pourquoi resterait-il? A-t-il quelque chose à attendre d'elle? ne lui a-t-elle pas donné tout ce qu'elle avait? ne faut-il pas, maintenant, qu'elle lui donne sa vie?...

FERDINAND.

C'est bien! je reste!... Oui, la puissance du président est

grande; mais ma volonté peut dépasser sa puissance! Oui, l'autorité d'un père est sacrée; mais lorsqu'il se sert de son autorité pour commander un crime, on peut s'y soustraire! Louise, viens ici; Louise, ta main dans la mienne!... (*Louise laisse tomber sa main sans rien dire.*) Écoute bien mon serment: aussi vrai que Dieu, sur la miséricorde duquel je compte, ne m'abandonnera pas à mon dernier soupir, — que l'instant qui séparera ces deux mains brisera en même temps le lien que la vie met entre l'homme et la création!

LOUISE.

J'ai peur! j'ai peur!...

FERDINAND.

Louise! Louise, reviens à toi! Veux-tu que je te dise une chose que je n'ai dite à personne; — une chose qui devrait rester entre Dieu, mon père et moi?... Louise, je sais un secret terrible... un secret qui, si je le disais tout haut, plierait à mes genoux cet homme que je ne veux pas appeler mon père!... Louise, par ce Dieu vivant! tu m'appartiens! et ce n'est plus chez le duc que je cours, c'est chez monsieur de Walter!

SCÈNE III.

LES MÊMES, LE PRÉSIDENT.

LE PRÉSIDENT.

Et qu'allez-vous y faire chez M. de Walter?

FERDINAND.

Vous ici, Monsieur!...

LE PRÉSIDENT.

Où vous allez, ne puis-je venir?

FERDINAND.

Monsieur!...

LE PRÉSIDENT.

Assez!... (*A Miller.*) Vous êtes le père?...

MILLER.

Miller, le musicien, oui, Monsieur.

LE PRÉSIDENT.

Et vous, la mère?

LA FEMME.

Hélas! oui, monsieur le président; la mère de cette pauvre enfant.

FERDINAND.

Monsieur Miller, emmenez votre fille, elle va se trouver mal.

LE PRÉSIDENT.

Oh! soin inutile! Si elle se trouve mal, je me charge de la faire revenir, moi. (*A Louise.*) Depuis combien de temps connaissez-vous mon fils?

LOUISE.

Depuis le mois de novembre, monsieur de Walter nous fait l'honneur de venir ici.

FERDINAND.

Depuis le mois de novembre, je l'aime.

LE PRÉSIDENT.

Vous a-t-il fait quelque promesse?

FERDINAND.

Il y a un instant encore, celle de mourir si elle n'était pas à moi!

LE PRÉSIDENT.

C'est bien! — votre tour viendra. (*A Louise.*) J'attends une réponse.

LOUISE.

Il a promis de m'aimer...

FERDINAND.

Et il tiendra son serment! sois tranquille, Louise.

LE PRÉSIDENT.

Taisez-vous, Monsieur!... Et avez-vous accepté cette promesse?

LOUISE.

Je lui en ai fait une semblable.

FERDINAND.

L'alliance est conclue, vous le voyez.

LE PRÉSIDENT.

Ciel et terre! vous tairez-vous! (*A Louise.*) Et il vous a toujours payé comptant?

FERDINAND.

Mon père!

LOUISE.

Je ne comprends pas bien, Monsieur.

LE PRÉSIDENT.

Vous ne comprenez pas bien? Nous jouons les ingénuités, à ce qu'il paraît. Je vais être plus clair: chaque métier mérite son salaire; et je présume que ce n'est pas pour rien que vous attirez ici les fils de famille.

FERDINAND.

Enfer! Qu'avez-vous dit là?...

LOUISE, *avec dignité.*

Dès ce moment, monsieur de Walter vous êtes libre.

FERDINAND.

Mon père!... La vertu commande le respect partout où elle se trouve!... Mon père, vous oubliez cette maxime que je ferai écrire en lettres d'or au-dessus de cette porte!

LE PRÉSIDENT.

A merveille! Ainsi, à votre avis, Monsieur, le père doit respecter la maîtresse de son fils!...

LOUISE.

O Seigneur!... Seigneur!...

FERDINAND, *tirant son épée.*

Mon père! vous m'avez donné la vie!... (*Remettant son épée au fourreau.*) Nous sommes quittes!... Prenez garde, maintenant!... — Car la dette de mon devoir filial est anéantie!

MILLER.

Monsieur le président, — ne prenez pas ce que je vais vous dire en mauvaise part. — Mais celui qui insulte la fille donne un soufflet au père.

LA FEMME.

Secourez-nous, Seigneur Dieu!

LE PRÉSIDENT.

C'est bien! dans un instant vous aurez votre tour, monsieur l'entremetteur.

MILLER.

Avec votre permission, monsieur le président, je m'appelle Miller, je suis musicien: je ne me mêle pas d'affaires de galanteries, et ne compte pas m'en mêler tant que les gens de la cour en auront le privilége.

LA FEMME.

Au nom du ciel, tais-toi! Tu tues ta femme et ton enfant.

FERDINAND.

Mon père, vous jouez ici un rôle pour lequel vous auriez dû au moins vous priver de spectateurs.

MILLER.

Monsieur le président, vous administrez le pays, et moi, ma famille: vous êtes maître dans votre palais, et moi, dans ma pauvre maison. — Si, dans votre palais, quelqu'un vous insulte, vous le faites mettre à la porte... et, sauf le respect que je vous dois...

LE PRÉSIDENT.

Hum! qu'est-ce que cela?

MILLER.

Eh bien! moi, j'en fais autant dans ma maison.

LE PRÉSIDENT.

Ah! drôle, voilà un avertissement qui te coûtera cher! Qu'on aille chercher les gens de justice!

LA FEMME.

O mon Dieu! monsieur le président... grâce pour lui!.. grâce pour nous!

LE PRÉSIDENT.

Le père dans une maison de correction! La mère au pilori avec la fille!

LOUISE.

Ah!... (*Elle tombe évanouie.*)

FERDINAND.

Mère, prends soin de ta fille! (*Il s'avance vers le président avec le plus grand calme*). Mon père, si vous avez quelque affection, non pas pour moi, mais pour vous-même, mon père, pas de violence!... Il y a une région de mon cœur où n'a jamais retenti le nom de père... Ne me refoulez point jusque-là! (*Musique.*)

LE PRÉSIDENT.

Malheureux! tais-toi, et ne m'irrite pas davantage!... (*Les gens de justice entrent.*) Entrez, vous autres!

LA FEMME.

Les gens de justice!

LOUISE, *poussant un dernier cri.*

Ah! (*Elle tombe complétement évanouie*).

FERDINAND.

Louise!... au secours!... sauvez-la... mon Dieu! sauvez-la...

LE PRÉSIDENT.

Main-forte au nom du duc, Messieurs!

LE CHEF DES GENS DE JUSTICE.

Qu'ordonnez-vous, Excellence?...

LE PRÉSIDENT.

Emparez-vous de cette fille!...

LA FEMME, *à genoux.*

Pitié! Excellence, pitié!

MILLER, *relevant sa femme.*

Agenouille-toi devant Dieu, femme, et non point devant ceux-là qui ne sont pas même des hommes! Laissez ces femmes, monsieur le président, elles ne vous ont rien fait. Je suis le seul coupable, et suis prêt à suivre ces messieurs en prison.

LE PRÉSIDENT, *montrant Louise.*

Faut-il que je répète une seconde fois ce que j'ai dit!... (*Les gens de justice s'avançent vers Louise*).

FERDINAND, *passant entre eux et elle.*

Que pas un ne fasse un pas, s'il n'a d'avance vendu son âme à Satan ! (*Au président.*) Monsieur, par égard pour vous-même... Monsieur, par respect pour votre nom...

LE PRÉSIDENT, *aux gens de justice.*

Si vous tenez à votre pain... lâches !...

FERDINAND.

Par la mort ! j'ai dit : Arrière !... Monsieur, une dernière fois, je vous en supplie, je vous en conjure !... ayez pitié de vous-même ! Ne me poussez pas aux dernières extrémités !...

LE PRÉSIDENT.

Ah ! misérables ! vous hésitez !... (*Ils s'avancent*).

FERDINAND, *tirant son épée.*

Que Dieu me pardonne !... (*Les hommes reculent.*)

LE PRÉSIDENT.

Eh bien !... voyons donc si cette épée se tournera contre moi-même !

FERDINAND.

Mon père !... vous portez un audacieux défi à la bonté de Dieu !

LE PRÉSIDENT.

Emmenez-la...

FERDINAND.

Mon père ! vous avez toute-puissance de faire une chose infâme !... Si la fille du musicien va en prison, le fils du président ira avec elle !...

LE PRÉSIDENT.

A merveille !... et le spectacle n'en sera que plus curieux.. Faites !...

FERDINAND.

Mon père !... je jette sur cette jeune fille mon épée d'officier ! Persistez-vous encore ?...

LE PRÉSIDENT.

Faites !

FERDINAND, *appuyant son épée au cœur de Louise.*

Mon père !... avant que vous ne fassiez un pareil outrage à ma femme, je lui percerai le cœur avec ce fer.

LE PRÉSIDENT.

Tu es libre, si le fer est bien trempé. Faites !

FERDINAND.

Dieu tout-puissant, tu es témoin qu'il n'est pas un moyen humain que je n'aie tenté ! Il faut donc que j'aie recours à quelque moyen infernal ! Vous l'emmenez au pilori ? C'est bien décidé ?... Rien ne peut vous faire changer de résolution ?.. Eh bien !... eh bien ! sur la même place où vous allez la conduire, mon père, mon père, je raconterai une histoire... Je dirai... je dirai... tout haut... comment on devient président !... Je vous attends sur la place du Marché, mon père !

LE PRÉSIDENT.

Lâchez cette femme à l'instant même, et suivez-moi, Ferdinand, Ferdinand !... (*Il sort*).

(*Miller et sa femme vont à Louise, toujours évanouie.*)

FIN DU DEUXIÈME ACTE.

ACTE III.

TABLEAU V. — CHEZ LE PRÉSIDENT.

SCÈNE I.

LE PRÉSIDENT, *puis* WURM.

LE PRÉSIDENT.

Wurm, Wurm !... venez ici...

WURM.

Eh bien ! Monseigneur ?

LE PRÉSIDENT.

Le coup a manqué !

WURM.

Comment cela ?

LE PRÉSIDENT.

Par une fatalité !

WURM.

Auriez-vous reculé devant l'exécution ?

LE PRÉSIDENT.

Oui...

WURM.

Vous, Excellence !...

LE PRÉSIDENT.

Oui, moi...

WURM.

Ce n'est pas votre habitude cependant, Monseigneur.

LE PRÉSIDENT.

Aussi je me reproche cette faiblesse... Je n'aurais pas dû me laisser intimider par sa menace... Il n'eût point osé...

WURM.

Qui vous a menacé ?... le major ?

LE PRÉSIDENT.

Écoute, Wurm : te rappelles-tu cette nuit terrible ?

WURM.

Quelle nuit ?

LE PRÉSIDENT.

Cette nuit du 26 octobre...

WURM.

Sauf votre bon plaisir, Monseigneur, je n'appellerai jamais terrible la nuit de laquelle date notre fortune.

LE PRÉSIDENT.

Te rappelles-tu tous les détails de cette nuit ?

WURM.

Ma foi non, Monseigneur.

LE PRÉSIDENT.

Tu mens !... on n'oublie pas ces choses-là !...

WURM.

Eh bien ! supposons que je ne les ai point oubliées... Que voulez-vous dire, Monseigneur ?

LE PRÉSIDENT.

Tu sais qu'à onze heures du soir... le duc, le prédécesseur de celui-ci fit appeler... mon prédécesseur à moi.

WURM.

Parfaitement : Pour lui communiquer une dépêche du Mecklenbourg.

LE PRÉSIDENT.

Tu sais qu'il se rendit à cette invitation...

WURM.

Et que nous profitâmes de son absence pour entrer dans son cabinet.

LE PRÉSIDENT.

C'était le même que celui-ci... toute chose est encore à la même place que cette nuit-là, la même pendule marque l'heure, la même table sert pour écrire... et, Dieu me pardonne !... la même lampe qui, baissée à moitié, éclairait ce cabinet lorsque nous y entrâmes, l'éclaire encore aujourd'hui.

WURM, *souriant.*

Il n'y a que le verre d'eau qui ne soit plus à la même place.

LE PRÉSIDENT.

Ce fut toi qui t'approchas de ce verre d'eau préparé pour le travail de la nuit... ce fut toi qui y versas la poudre que tu t'étais procurée.

WURM.

N'est-ce pas vous qui m'aviez dit que vous étiez sûr de succéder au premier ministre ; que vous aviez la parole, non-seulement du duc régnant, mais du prince ?

LE PRÉSIDENT.

C'est vrai, je t'avais dit cela.

WURM.

Eh bien ! qui veut la fin, veut les moyens... je versai donc la poudre... après ?

LE PRÉSIDENT.

En ce moment, tu t'en souviens, nous entendîmes du bruit dans cette alcôve...

WURM.

Oui ! c'était le major qui avait alors neuf ans, et que votre prédécesseur aimait comme son propre fils... c'était le major qui s'était endormi sur les coussins.

LE PRÉSIDENT.

Eh bien ! nous l'avions réveillé en entrant... il avait tout vu... Je ne sais s'il avait compris quelque chose à notre action, ou si ce fut l'événement du lendemain qui l'éclaira...

WURM.

Nous l'emmenâmes avec nous.

LE PRÉSIDENT.

Sans doute, mais il avait tout vu, te dis-je.

WURM.

Ah ! diable !

LE PRÉSIDENT.

Et lui aussi est comme nous... c'est-à-dire qu'il n'a rien oublié.

WURM.

De sorte ?

LE PRÉSIDENT.

De sorte qu'au moment où les officiers de justice mettaient la main sur cette petite fille...

WURM.

Eh bien ?

LE PRÉSIDENT.

Eh bien ! il m'a arrêté d'un mot... Faites, a-t-il dit, moi je vais crier tout haut, par les rues, comment on devient président !...

WURM.

Oh ! le bon fils ! l'excellent fils ! qui veut ajouter un dernier collier à tous ceux que son père porte déjà.

LE PRÉSIDENT.

Wurm! Wurm!... il faut que tu sois le démon pour rire de pareilles choses...

WURM.

Vous vous trompez, monseigneur; je ne ris pas, je grince des dents... Voyons, Excellence, puis-je parler sans crainte?

LE PRÉSIDENT.

Comme un damné à un autre damné.

WURM.

Eh bien! alors, faites du père ce que vous avez fait du ministre, confiez-le-moi... votre fortune politique ne s'est pas amoindrie entre mes mains, je l'espère : de secrétaire du président, vous êtes devenu président.

LE PRÉSIDENT.

Mais à quel prix?...

WURM.

Vous l'êtes devenu enfin!... le prix!... le prix! c'est une affaire que vous réglerez plus tard!... qui a terme ne doit rien!.. Mais, dites-moi, dans quel but avez-vous été faire toute cette esclandre?

LE PRÉSIDENT.

J'avais pensé que la jeune fille, une fois déshonorée par un éclat, il fallait que le major y renonçât, ne fût-ce que par respect pour les épaulettes...

WURM.

Le major est un entêté... et vous allez l'attaquer justement par son fort!... Voilà, cependant ce qu'on appelle un homme politique!... ah! monseigneur!... monseigneur! je commence à croire, en vérité, que le monde n'en irait pas plus mal si on le retournait, et que ceux qui sont en bas se trouvassent en haut; *et vice versa.*

LE PRÉSIDENT.

Drôle!

WURM.

Monseigneur m'a dit de lui parler sans crainte.

LE PRÉSIDENT.

Eh bien! voyons... par où eusses-tu attaqué Ferdinand?

WURM.

Par son faible...

LE PRÉSIDENT.

Et son faible quel est-il?

WURM.

La jalousie... Regardez-moi, monseigneur.

LE PRÉSIDENT.

Eh bien?

WURM.

Comment me trouvez-vous?

LE PRÉSIDENT.

Fort laid!

WURM.

Cependant, si laid que je sois, j'ai eu l'honneur d'inspirer de la jalousie à M. votre fils.

LE PRÉSIDENT.

Toi?...

WURM.

Oui, moi...

LE PRÉSIDENT.

Allons donc...

WURM.

Dame! il faut bien cependant qu'il y ait quelque chose comme cela, puisque, pas plus tard qu'hier, le major m'a fait donner mon congé par le père... oh! mon congé en bonne forme... il n'y avait rien à dire...

LE PRÉSIDENT.

Aussi tu n'as rien dit...

WURM.

Non, mais vous savez, monseigneur, ce n'est pas le mineur le plus bruyant qui creuse la mine la plus sûre...

LE PRÉSIDENT.

Trêve de proverbes!... allons au fait.

WURM.

Ce n'est pas le tout. Vous vous rappelez un soir où lady Mylfort était à son piano; elle demanda en riant au maréchal s'il voulait l'accompagner sur son violon...

LE PRÉSIDENT.

Oui, je crois me rappeler cela. Mais quel rapport cette question de lady Mylfort a-t-elle avec l'intérêt qui nous occupe?...

WURM.

Monseigneur, monseigneur... la ligne droite est la plus courte, mais la ligne courbe est la plus sûre : laissez-moi donc faire...

LE PRÉSIDENT.

J'écoute...

WURM.

Eh bien! le lendemain, le maréchal était chez Miller, et lui demandait combien de temps il lui faudrait, en prenant quatre leçons par jour, pour accompagner lady Mylfort au piano : Miller haussa les épaules; mais le maréchal tint bon. Il prit douze leçons en trois jours : ce fut un sabbat dans le quartier, que tous les voisins en déménagèrent... le quatrième jour, Miller attendait le maréchal sur le seuil de sa porte, et, pour or ni pour argent le maréchal ne put entrer.

LE PRÉSIDENT.

Et tu crois que Ferdinand était jaloux de cet imbécile?

WURM.

Monseigneur, cet imbécile est riche, il est influent, il est jeune encore, il se met dans le dernier goût... et les femmes aiment fort cette espèce-là...

LE PRÉSIDENT.

Le fait est que le maréchal est toujours à vanter ses bonnes fortunes.

WURM.

Vous voyez bien... Voilà justement l'homme qu'il nous faut...

LE PRÉSIDENT.

Le maréchal?

WURM.

Monseigneur, tenez-vous beaucoup à ce mariage entre votre fils et lady Mylfort?

LE PRÉSIDENT.

Tu demandes cela?

WURM.

C'est qu'aux objections que fait Votre Excellence, on croirait en vérité qu'elle n'y prend qu'un intérêt secondaire.

LE PRÉSIDENT.

C'est-à-dire que si la partie vient à manquer avec Milady, toute mon influence est perdue... entends-tu, Wurm?

WURM.

Vous voyez bien alors qu'il faut que la partie réussisse.

LE PRÉSIDENT.

Eh, mon Dieu! est-ce que je demande autre chose?

WURM.

Mais pour qu'elle réussisse?

LE PRÉSIDENT.

Eh bien?

WURM.

Il faut me laisser faire...

LE PRÉSIDENT.

Alors tu me demandes?..

WURM.

Carte blanche.

LE PRÉSIDENT.

Wurm!

WURM.

Ah! dame! je ne vous dis pas qu'il n'y aura pas quelques pleurs, quelques grincements de dents.

LE PRÉSIDENT.

Réussirons-nous au moins?

WURM.

Pour cela... j'en réponds...

LE PRÉSIDENT.

Et moi, que faut-il que je fasse?

WURM.

Oh! rien... presque rien, du moins...

LE PRÉSIDENT.

Mais encore?

WURM.

Attendez le père à quelque coin de rue, et faites-le conduire en prison.

LE PRÉSIDENT.

Et la mère?

WURM.

Oh! pour la mère une maison de correction suffira.

LE PRÉSIDENT.

Mais si tu frappes ainsi le père et la mère, que feras-tu donc de la fille?

WURM.

La fille, monseigneur? nous la respecterons comme la prunelle de nos yeux. Peste! ce serait beau que la fille eût l'air d'avoir la main forcée.

LE PRÉSIDENT.

Je comprends... Wurm!... tu es un grand homme...

WURM.

Eh, monseigneur! il y a vingt ans que je le pense et dix ans que je le prouve!... Et cependant, c'est d'aujourd'hui seulement que vous l'avouez.

LE PRÉSIDENT.

Allons, je fais amende honorable...

UN VALET.

M. le maréchal baron de Kalb demande si Son Excellence est visible...

WURM.

Voyez-vous, monseigneur, c'est le diable qui nous l'envoie! (*Au valet.*) Où est-il?

LE VALET.

En bas, dans sa voiture.

WURM.

Faites monter!... (*Le valet sort.*)

LE PRÉSIDENT.

Eh, monsieur Wurm, il me semble que vous prenez des airs de maître!

WURM.

Je croyais avoir carte blanche... Si je me suis trompé, monseigneur, je me retire...

LE PRÉSIDENT.

Non pas; mais que vais-je lui dire, au maréchal?

WURM.

Rien; vous allez vous en aller.

LE PRÉSIDENT.

Alors tu te charges...

WURM.

De tout, je vous l'ai dit... excepté de faire arrêter le musicien et sa femme.

LE PRÉSIDENT.

L'ordre sera donné dans cinq minutes, et exécuté dans un quart d'heure.

LE VALET.

M. le maréchal baron de Kalb!

WURM.

Eh! vite, vite, monseigneur! (*Le président sort.*)

SCÈNE II.

WURM, LE MARÉCHAL.

LE MARÉCHAL.

Comte!... mon cher comte! Eh bien! mais est-ce qu'il ne m'a pas vu?

WURM.

Si fait, monsieur le maréchal; au contraire, c'est parce qu'il vous a trop vu qu'il s'en va.

LE MARÉCHAL.

Comment! moi, qui me dérange de mes affaires les plus importantes pour lui dire qu'il y a ce soir grand opéra et feu d'artifice!... que veut dire ceci?

WURM.

Qu'il n'a pas voulu vous affliger au milieu de vos graves occupations par l'aspect de sa douleur personnelle.

LE MARÉCHAL.

De sa douleur? Que lui arrive-t-il donc à ce bon président?.. Eh! contez-moi cela, M. Wurm, que diable, on est ami... On est même plus, on est parent.

WURM.

Ah! c'est vrai; et à un degré assez rapproché...

LE MARÉCHAL.

Comment donc! sa grand'tante était l'arrière-cousine de mon aïeule! J'espère cependant que cette douleur ne l'empêchera pas d'assister ce soir à notre fête, à notre Didon... à notre feu d'artifice... toute la ville brûlera!

WURM.

Voulez-vous que je vous dise, monsieur le maréchal!

LE MARÉCHAL.

Dites, mon cher, dites... toute la ville!...

WURM.

Eh bien! je crois que M. le président a assez de feux d'artifice dans sa maison pour faire sauter lui, ses parents, ses alliés et ses amis.

LE MARÉCHAL.

Ah! voyons... ne plaisantons pas sur ces choses-là! J'en suis de ses parents, moi, éloigné, c'est vrai; mais j'en suis... Qu'arrive-t-il, mon cher Wurm? dites.

WURM.

Vous savez ce projet d'union arrêté entre le major et Milady?

LE MARÉCHAL.

Sans doute...

WURM.

Ce projet qui devait consolider à la cour la fortune du président... Celle de ses parents, de ses alliés et de ses amis.

LE MARÉCHAL.

Projet admirable!

WURM.

Eh bien, le major se refuse à l'accomplir.

LE MARÉCHAL.

Comment! il se refuse...

WURM.

Obstinément...

LE MARÉCHAL.

Pas possible! et moi qui ai publié cette nouvelle dans toute la ville; moi qui en ai fait compliment à lady Mylfort elle-même.

WURM.

Alors vous voilà encore bien autrement compromis que ne le croyait M. le président.

LE MARÉCHAL.

Oh! mon Dieu!

WURM.

En vérité, monsieur le maréchal, c'est vous qui avez répandu cette nouvelle.

LE MARÉCHAL.

Dame! on m'avait dit d'annoncer ce mariage.

WURM.

Et vous avez le courage de l'avouer! c'est beau.

LE MARÉCHAL.

C'est-à-dire, je l'avoue, je l'avoue... un instant, j'ai dit la chose à sept ou huit personnes, tout au plus, et en confidence; s'ils l'ont répété, c'est une indiscrétion de leur part.

WURM.

Mais... ce compliment à Milady, compliment qui, à cette heure, passera pour une raillerie affreuse; car vous ne convaincrez jamais lady Mylfort que vous ignoriez le secret.

LE MARÉCHAL.

Quel secret?

WURM.

Que le major en aimait une autre.

LE MARÉCHAL.

Bah! il en aimait une autre? le malheureux!... Eh bien! mais qu'importe, au bout du compte! On ne lui demande pas d'aimer Milady; on lui demande de l'épouser, voilà tout.

WURM.

Alors, à sa place, vous n'hésiteriez pas?

LE MARÉCHAL.

Pas une seconde.

WURM.

Eh bien! il paraît que, sur ce point, votre cousin de Walter n'a pas les mêmes idées que vous.

LE MARÉCHAL.

D'abord, Walter n'est pas mon cousin, nous ne nous touchons même que par alliance: son arrière-grand-père avait épousé une petite-nièce de mon arrière-grand'mère... Ainsi... il refuse?...

WURM.

Non-seulement il refuse, mais il menace.

LE MARÉCHAL.

Il menace! et de quoi menace-t-il?

WURM.

Eh mordieu! vous savez: toute grande fortune de cour pousse arrosée par la calomnie. On est furieux de la position que le président s'est faite, et a faite à ses parents, à ses alliés et à ses amis.

LE MARÉCHAL.

Monsieur Wurm! distinguez, je vous prie; chacun ici s'élève par son mérite.

WURM.

Et souvent même tombe par là, pouvez-vous ajouter, monsieur le maréchal... Par exemple, vous, qui vous a fait les grands ennemis que vous avez? votre mérite; aussi, combien de fois, M. le président, vous a-t-il soutenu sur le bord du précipice!

LE MARÉCHAL.

C'est vrai!

WURM.

Au moins vous lui rendrez cette justice, à lui, qu'il soutient ses parents envers et contre tous. Car, enfin, voulez-vous que je vous dise pourquoi, surtout, il a eu cette idée de faire épouser Milady à son fils?

LE MARÉCHAL.

Oui, dites-le-moi...

WURM.

Eh bien! c'est parce qu'il a su que le grand échanson de Bolk allait la demander en mariage.

LE MARÉCHAL.

Le grand échanson! Mais savez-vous, mon cher monsieur Wurm, que nous sommes ennemis mortels, de Bolk et moi?

WURM.

Certainement que je le sais. Son Excellence me le disait tout à l'heure, en ajoutant que si ce mariage se faisait vous étiez perdu.

LE MARÉCHAL.

Sans ressource, mon cher monsieur Wurm; sans ressource!... Mais, en vérité, vous qui êtes homme de conseil et d'exécution, ne savez-vous aucun moyen d'amener le major à faire ce que nous désirons?

WURM.

Je n'en sais qu'un.

LE MARÉCHAL.

Lequel ?

WURM.

Et il est entre vos mains, monsieur le maréchal.

LE MARÉCHAL.

Entre mes mains ! Parlez, parlez vite, mon bon ; que faut-il faire ?

WURM.

Brouiller le major avec sa bien-aimée.

LE MARÉCHAL.

Les brouiller ! et comment les brouiller, moi ?

WURM.

En donnant au major des soupçons sur la jeune fille.

LE MARÉCHAL.

Des soupçons !

WURM.

Il faut que le major en arrive à croire que Louise le trompe pour un autre.

LE MARÉCHAL.

Très-bien ; mais cet autre, qui sera-t-il ?

WURM.

Vous.

LE MARÉCHAL.

Moi ! Un instant, la jeune fille est-elle noble ?

WURM.

Noble ! la fille d'un musicien ! quelle demande...

LE MARÉCHAL.

Comment ! c'est pour la fille d'un musicien que le major !... Oh ! mon Dieu ! où allons-nous ?

WURM.

Mais vous la connaissez.

LE MARÉCHAL.

Je la connais, moi ?

WURM.

Sans doute, c'est la fille de Miller.

LE MARÉCHAL.

De ce drôle qui a refusé de me donner des leçons ?

WURM.

Il avait des raisons pour cela.

LE MARÉCHAL.

Quelles raisons ?

WURM.

Je crois que la jeune fille en tenait pour Votre Excellence.

LE MARÉCHAL.

Cette petite bourgeoise se serait permis de m'aimer ?

WURM.

Enfin, soit pour ce motif, soit pour tout autre, il n'en est pas moins vrai que la maison vous a été fermée, et que celui qui vous l'a fait fermer c'est le baron.

LE MARÉCHAL.

Vous croyez ?

WURM.

C'est clair comme le jour.

LE MARÉCHAL.

Ah ! monsieur mon cousin,

WURM.

Oui, il est moins scrupuleux que vous, et il prétend que deux joues fraîches n'ont pas besoin d'arbre généalogique.

LE MARÉCHAL.

Eh bien ! voyons, que s'agit-il de faire ?

WURM.

Il s'agit de prêter votre nom à un rendez-vous que cette petite doit vous donner par écrit.

LE MARÉCHAL.

Soit, de par le ciel... je le prêterai !

WURM.

Puis, la lettre une fois entre vos main, il s'agit de la laisser tomber dans quelque endroit où elle ne puisse manquer d'être ramassée.

LE MARÉCHAL.

A la parade ?...

WURM.

C'est cela !

LE MARÉCHAL.

Je la tirerai, comme par hasard, avec mon mouchoir.

WURM.

A merveille ! mais ce n'est pas le tout ; il s'agit encore de soutenir en face du major le rôle de l'amant,.. et d'amant heureux...

LE MARÉCHAL.

Mort de ma vie ! je le soutiendrai ! il ne m'arrivera jamais pis que ce dont je suis menacé.

WURM.

Eh bien ! tout va donc à souhait ! Dans une heure la lettre sera écrite, venez la prendre ici.

LE MARÉCHAL.

Aussitôt que j'aurai fait huit ou dix visites de la plus haute importance.

WURM.

Ainsi je puis rassurer Son Excellence ?

LE MARÉCHAL.

Dites-lui que je lui appartiens... corps et âme à ce cher cousin.

WURM.

Je lui dirai. A ce soir, monsieur le maréchal.

LE MARÉCHAL, *sortant.*

A ce soir.

SCÈNE III.

WURM, *le regardant sortir.*

Va, et maintenant que je tiens le fil, tu ne remueras pas un doigt que ce ne soit par ma volonté.

UN VALET, *remettant un papier à Wurm.*

De la part de Son Excellence.

WURM.

Donne ! (*Lisant.*) « Le musicien et sa femme sont arrêtés... « J'ai fait mon œuvre, fais la tienne !... » (*Au valet.*) C'est bien ! dis à Son Excellence que tu m'as vu partir pour exécuter ses ordres.

TABLEAU VI. — LA MAISON DE MILLER.

SCÈNE I.

LOUISE, FERDINAND.

LOUISE.

Oh ! cesse, mon bien-aimé Ferdinand, de me promettre encore d'heureux jours ! Hélas ! ce qui s'est passé ici même, ce matin, m'a enlevé tout espoir.

FERDINAND.

Eh bien ! tout au contraire, Louise, le mien n'a fait que croître ! Je sais bien... mon père dressera toutes ses batteries contre moi, mais chaque fois qu'il tentera quelque violence... je l'arrêterai par le mot qui l'a déjà arrêté... et tu as vu, Louise, si ce mot était puissant...

LOUISE.

Oh ! le mot n'est qu'une vaine menace, n'est-ce pas, et cette menace tu ne la mettrais pas à exécution ?

FERDINAND.

Tout, plutôt que de te perdre !... tout, entends-tu bien ? mais si ma bien-aimée Louise voulait... nous n'aurions pas besoin de recourir à cette lutte impie du fils contre le père. Toi et moi, Louise !... tout le ciel n'est-il pas renfermé dans ces deux mots... et ne puis-je suffire à ton bonheur comme tu suffis au mien ?

LOUISE.

Arrête ! pas un mot de plus ! je devine ce que tu veux dire, Ferdinand.

FERDINAND.

Qu'avons-nous à faire du monde ? à quoi bon mendier son consentement ? pourquoi tenter, là où il n'y a rien à gagner, mais au contraire tout à perdre !... Ces yeux, où je lis ma vie, ne brilleront-ils pas d'un aussi doux éclat, qu'ils se mirent dans le Rhin, l'Elbe ou la Baltique ?... Je n'ai point fait de pacte avec tel ou tel coin de l'univers !... Ma patrie, à moi, est là où Louise m'aimera en liberté, et où j'aimerai librement Louise ! Tes pas, marqués sur le sable du désert, sont pour moi une trace plus entraînante que la route qui conduit à ma ville natale !... Regrettons-nous le bruit et l'éclat des cités ? partout où nous irons un soleil se lève et se couche !... spectacle céleste plus beau que tous les chefs-d'œuvre des arts !... Si nous ne servons plus le Seigneur notre Dieu dans un temple bâti par la main de hommes, il nous restera toujours les forêts aux dômes murmurants, les plaines aux immenses horizons ! Le jour, un ciel aux ardentes splendeurs ; la nuit, un dais étincelant d'étoiles recueillies, qui prieront avec nous !... Que faut-il de plus à deux cœurs assez riches de paroles d'amour, pour ne point se lasser de se dire : Je t'aime ! pendant toute une éternité ?

LOUISE.

N'as-tu donc pas quelque devoir à accomplir en dehors de ton amour, Ferdinand ?

FERDINAND.

Le bonheur de Louise est le plus sacré de tous mes devoirs !

LOUISE.

Hélas ! il n'en est pas de même de moi, Ferdinand... j'ai un père qui n'a pour tout bien que sa fille unique... un père qui aura demain soixante ans... un père qui est poursuivi par la vengeance du tien !...

FERDINAND.

Oh ! qu'il nous accompagne, je ne demande pas mieux ! ainsi, plus d'obstacle, ma bien-aimée ! j'emploie le reste de la journée à préparer notre départ ; je réunis tout ce que je possède... peu de choses, je le sais bien, mais assez pour n'avoir besoin de recourir à personne. A minuit, une voiture t'attendra à l'angle de la rue, moi je t'attendrai à la porte... une mante jetée sur tes épaules... cela suffit, et nous partons!

LOUISE.

Oui, et la malédiction de ton père nous poursuivra !... Une malédiction que les assassins même n'ont jamais prononcée sans être exaucés... et qui nous atteindra, nous, pauvres fugitifs, partout où nous serons !... Non, non, mon bien-aimé Ferdinand, si je ne puis te conserver que par une mauvaise action... non, j'ai encore la force de te perdre!...

FERDINAND.

Ah! vraiment?... Louise aura la force de me perdre!

LOUISE.

Oui... et cependant perdre mon Ferdinand !... oh! voilà une pensée affreuse et sans bornes... une pensée assez horrible pour faire défaillir l'âme et pâlir les joues!... Mais, en somme, on ne perd que ce qu'on a possédé... et je ne t'ai jamais possédé qu'en espérance... et encore, était-ce une folie que d'espérer!...

FERDINAND.

Oui... et Louise redevient sage!...

LOUISE.

Oh! ne me réponds pas ainsi, cher Walter!... oh! ne détourne pas ainsi tes yeux de moi! regarde ta Louise, et parle-lui doucement comme à un enfant qui a besoin d'être soutenu et non châtié! laisse-moi tout entier le mérite de mon dévouement; garde à ma douleur cette consolation de mon héroïsme; permets à ma conscience de se dire que j'ai rendu un fils à son père!... C'est moi la véritable coupable; Ferdinand! ton amour m'aveugle... comme le soleil; j'ai oublié la condition dans laquelle je suis née... j'ai péché par orgueil... Dieu me punit en abattant mon orgueil! Ferdinand, Ferdinand!... aie pitié de nous deux, et accorde-moi le malheur que je te demande!

FERDINAND.

Oh! mon Dieu! mon Dieu! c'est elle qui parle ainsi!... elle, pour qui je donnais ma vie!... plus que ma vie, l'honneur de mon père, qui est le mien!

LOUISE.

Bonté du ciel! je ne te comprends pas!... Walter, reviens à toi! Ferdinand! résignons-nous, mon bien-aimé!... Fuis-moi!.. oh! comprends donc!... je ne suis qu'un accident au milieu de ta vie... une pauvre fille que tu as rencontrée, par hasard, en te détournant de ton chemin... Reprends ce chemin que Dieu t'avait tracé, et que tu eusses dû suivre toujours... Au bout de ce chemin, tu trouveras un cœur noble, aimant, digne de toi... beauté, richesse, naissance, mon Dieu! ces trois fleurs des cœurs que l'on rencontre, à chaque pas, dans le monde où tu vis, et qui te feront oublier la pauvre pâquerette perdue sous la mousse, près de laquelle tu ne comprendras pas, un jour, que tu aies pu t'arrêter un seul instant. (*Elle s'approche de lui et lui tend la main.*) Adieu, monsieur de Walter!

FERDINAND.

Louise, mon départ est résolu! je quitte l'Allemagne. Maintenant, libre à toi de me suivre, ou de me laisser partir seul!

LOUISE.

Ferdinand! plus haut que la voix qui me conseille de fuir, j'entends une voix qui me dit de rester.

FERDINAND.

Louise! Louise! écoute bien ceci : Il est impossible que tu aies cette force sur toi-même... quand moi, moi, qui suis un homme, je ne l'ai pas!

LOUISE.

Dieu brise parfois le fort, et élève le faible!... Ferdinand, Dieu est avec moi... à cette heure, Dieu me donne la force!

FERDINAND.

Louise! Louise! prends garde!... Louise, je pourrais croire que quelque autre chose te retient ici!

LOUISE.

Eh bien, croyez, Ferdinand! la blessure en sera plus vive peut-être... mais saignera moins longtemps.

FERDINAND.

En vérité?..... Et tu crois que ce conte m'éblouit, que cette fausse grandeur d'âme m'aveugle!... Louise! Louise! je te donne jusqu'à demain pour prendre un parti, et à moi jusqu'à demain..... pour connaître la véritable cause de ton refus!... Adieu, Louise!... (*Il sort, Louise se soulève sur son fauteuil comme pour se relever et retombe.*)

SCÈNE II.

LOUISE, *seule.*

Oh! mon pauvre cœur, du courage!..... oh!.....: mon Dieu! donnez-moi la force que je feignais d'avoir!... Et personne... personne pour me soutenir dans cette voie de douleur où je m'engage!... Mon père! mon père! où êtes-vous?... Ma mère! ma mère! que faites-vous? pourquoi donc laisser votre fille seule et abandonnée, comme si elle était orpheline?... Leur serait-il arrivé quelque malheur?... Il y a, dans la vie, de ces heures terribles... où tous les malheurs s'abattent sur vous, et vous frappent à la fois... Je ne sais ce que j'éprouve... Pourquoi donc ai-je tant de peine à respirer?... (*Wurm paraît au fond de la chambre.*) Oh! c'est le mouvement trop rapide du sang!..... Quand une fois notre esprit s'est empli de terreurs... nos yeux voient partout des fantômes!..... (*Elle aperçoit Wurm.*) Mon Dieu!...

SCÈNE III.

WURM, LOUISE.

WURM.

Bonsoir, mademoiselle!

LOUISE.

Qui est-là?... qui me parle?

WURM.

Un ami.

LOUISE.

Cet homme!... Oh! ce n'était point une terreur feinte, c'était un pressentiment! (*A Wurm.*) Cherchez-vous, par hasard, M. le président, M. le secrétaire? il n'est plus ici.

WURM.

Non, mademoiselle, je ne cherche que vous.

LOUISE.

Qu'y a-t-il pour votre service, Monsieur?

WURM.

Je viens de la part de votre père.

LOUISE.

De la part de mon père!... et qui me le prouvera?

WURM.

Cette lettre.

LOUISE.

Une lettre de mon père!..... donnez! (*Elle lit.*) « De la prison!... » Mon père en prison!

WURM.

Hélas! oui, ma chère demoiselle!

LOUISE.

En prison!... et pour quel crime? La prison n'est faite que pour les criminels, et mon père...

WURM.

Votre père, Mademoiselle, a insulté la personne du duc dans son représentant.

LOUISE.

Et mon père est en prison?...

WURM.

Par ordre de Son Altesse.

LOUISE.

Par ordre..... Oh! mon Dieu!..... par ordre de son altesse, dites-vous?

WURM.

Oui... et qui a résolu de le punir d'une façon éclatante.

LOUISE.

De le punir!... oh! divine providence!... encore cela! encore cela!

WURM.

Lisez la lettre de votre père, Mademoiselle...

LOUISE.

C'est vrai. (*Elle lit.*) « De la prison! »

« Tu vois de quel lieu je t'écris, mon enfant, mais il ne tient qu'à toi de m'en faire sortir ; renonce au major..... au major, auquel tu n'aurais jamais dû songer, ou plutôt auquel je n'eusse dû jamais ouvrir ma porte. — Tous nos malheurs viennent de ton fatal amour! Qu'il se retire, qu'il s'éloigne!... et la paix et le bonheur, qu'il a chassés de la maison, y rentreront derrière lui. — Ton père qui t'aime, MILLER. »

O mon père! mon père! il emportera ma vie, à laquelle vous ne songez pas!... mais n'importe... Et ma mère, où est-elle!

WURM.

Arrêtée aussi.

LOUISE.

Arrêtée aussi, ma mère!... Et toujours pour le même crime?

WURM.

Toujours.

LOUISE.

Vous avez peut-être encore quelque autre nouvelle à m'apprendre, monsieur Wurm? S'il en est ainsi, parlez, maintenant je puis tout entendre.

WURM.

Vous savez ce qui est arrivé?

LOUISE.

Mais non ce qui peut arriver.

WURM.

Ce qu'il peut arriver, nul ne saurait le dire.

LOUISE.

Pourquoi pas? Celui qui a fait le passé a pu préparer l'avenir.

WURM.

Mademoiselle!

LOUISE.

Pauvre homme! tu fais là un triste métier, et qui ne te portera pas bonheur..... C'est terrible de faire des malheureux!... mais c'est hideux de venir leur annoncer leur malheur, et de rester calme et se repaissant de leurs larmes, tandis que leur cœur est brisé par l'étau de fer du destin!..... Oh! le ciel me préserve d'être jamais condamnée à accomplir une pareille mission!... Dût chaque goutte d'angoisse que je verrais tomber du front de la victime se changer pour moi en une tonne d'or!... Voyons, dis, que va-t-il arriver maintenant?

WURM.

Je ne le sais pas.

LOUISE.

Non, mais tu le devines bien quelque peu... Voyons, que me reste-t-il encore à apprendre?... vous avez dit que le duc voulait punir d'une façon exemplaire l'insulte faite à son représentant... Qu'appelez-vous d'une façon exemplaire?

WURM.

Je ne dirai plus rien, puisque ma présence ici est si mal interprétée... adieu, Mademoiselle!

LOUISE.

Non, reste! oh! tu as fait ton apprentissage chez le tortureur!... sans cela, comment saurais-tu promener le fer sur les os broyés, comment saurais-tu verser le plomb fondu jusqu'au cœur? Voyons, une dernière fois, quel est le sort réservé à mon père?... Je veux le savoir.. entends-tu? je le veux!...

WURM.

Il est probable qu'il lui sera fait un procès criminel.

LOUISE.

Un procès criminel!... c'est-à-dire! oh! excusez-moi, je suis une ignorante jeune fille..... je ne connais pas la valeur des mots..... Qu'est-ce qu'un procès criminel, et quelle peine cela entraîne-t-il?

WURM.

Une prison éternelle souvent; la mort quelquefois.

LOUISE.

Merci, monsieur Wurm! (*Elle va prendre une mante qu'elle jette sur ses épaules.*)

WURM.

Que fait-elle?

LOUISE.

Pardon, Monsieur; mais je ferme l'appartement.

WURM.

Et où allez-vous?

LOUISE.

Chez le duc.

WURM.

Quoi!... où?... (*Il la retient.*)

LOUISE.

N'entendez-vous pas! chez le duc! chez le duc qui veut faire condamner mon père à la prison..... A la mort..... qu'y a-t-il d'étonnant à ce que j'aille chez le duc?

WURM.

Ah! très-bien! chez le duc!... allez, mon enfant, allez!

LOUISE.

Vous riez?

WURM.

Ma foi, oui.

LOUISE.

Je sais pourquoi vous riez!... vous riez, parce que vous savez d'avance que je ne trouverai là aucune pitié!... vous riez, parce que vous savez par expérience ce que j'ai entendu dire, moi... que les grands du monde ignorant ce que c'est que la douleur, ne savent point compatir à la douleur!... eh bien! je veux leur apprendre ce que c'est, qu'une douleur vraie, profonde, infinie!... Je veux leur dire, leur montrer, leur sangloter, jusque dans la moelle des os, ce que c'est que la douleur! et s'ils ne m'entendent pas..... oh! je veux leur dire qu'il y a un Dieu qui m'entend!..... un Dieu qui, au jour du jugement dernier, leur apprendra à eux aussi ce que c'est que la douleur!

WURM.

Allez, mon enfant, allez!... suivez votre impulsion; je vous le conseille, et vous ne pouvez rien faire de plus sensé.

LOUISE, *revenant.*

Comment dites-vous?

WURM.

Eh bien! vous hésitez?... vous avez tort.

LOUISE.

Oui, j'hésite..... car tu m'approuves... oh! il y a quelque chose d'horrible caché là-dessous, puisque cet homme m'approuve!... D'où savez-vous que j'ai tort d'hésiter? vous croyez donc que le duc m'accordera ma demande?

WURM.

Sans doute!..... seulement, il ne vous l'accordera pas pour rien.

LOUISE.

Pas pour rien? Et quel prix un prince peut-il mettre à un acte d'humanité et de justice?

WURM.

Le prix qu'une jolie solliciteuse comme vous peut offrir.

LOUISE.

Je ne vous comprends pas.

WURM.

Je dis que le prince est jeune et galant, que vous êtes jeune et belle..... qui sait?... la chute de lady Mylfort est peut-être cachée dans l'entrevue que vous allez solliciter de Son Altesse.

LOUISE.

Dieu tout-puissant!

WURM.

Eh bien! quoi?

LOUISE.

Que le Seigneur te soit en aide, ô mon père! ta fille peut mourir pour toi!... mais non se vendre à un homme!..... cet homme fût-il prince, fût-il roi, fût-il empereur!

WURM.

Votre père avait eu tort, à ce qu'il paraît, de compter sur vous! adieu, Mademoiselle.

LOUISE.

Où allez-vous?

WURM.

Reporter votre réponse à votre père.

LOUISE.

Demeurez, je suis sûr qu'il reste au fond de votre esprit infernal quelque autre moyen que vous n'avez pas dit encore.

WURM.

Dame! obtenez du major qu'il se retire.

LOUISE.

Volontairement?

WURM.

Sans doute volontairement, c'est la condition première. Vous comprenez!...

LOUISE.

Volontairement, il n'y consentira jamais.

WURM.

C'est selon.

LOUISE.

Puis-je forcer Ferdinand de me haïr?

WURM.

Peut-être...

LOUISE.

Mon Dieu! mon Dieu! ce serait affreux!... Ferdinand, haïssant Louise!... et cependant ce serait un bonheur!

WURM.

Dites-vous ce que vous pensez?

LOUISE.

Sur mon âme!

WURM.

Eh bien! nous allons essayer.

LOUISE.

Oh! que me dis-tu?

WURM.

Asseyez-vous!

LOUISE.

Où faut-il que je m'asseoie?

WURM.

A cette table.

LOUISE.

J'y suis, mais dis vite!... je sens que je deviens folle.

WURM.

Voici une plume, de l'encre et du papier.

LOUISE.

A qui dois-je écrire?

WURM.

A celui qui tient entre ses mains la vie de votre père.

LOUISE.

Ah! comme tu t'entends à mettre les âmes à la torture, bourreau!... que faut-il écrire?

WURM, *dictant.*

« Déjà trois jours insupportables... se sont passés... se sont passés... » y êtes-vous?

LOUISE.

Oui.

WURM, *dictant.*

« Et depuis trois jours nous ne nous sommes pas vus. »

LOUISE, *déposant la plume.*

Pour qui cette lettre?

WURM.

Pour celui qui tient entre ses mains la vie de votre père.

LOUISE.

Oh ! mon Dieu !

WURM, *dictant.*

« Qui donc vous a empêché de venir ? Est-ce le major? Il est vrai qu'il me surveille comme un Argus. Mais il n'est pas de surveillance que ne puisse mettre en défaut un véritable amour.

LOUISE.

Mais, au nom du ciel ! à qui cette lettre est-elle destinée ?

WURM.

A celui qui tient entre ses mains la vie de votre père.

LOUISE.

Oh ! non, non ! je n'écrirai jamais cela ! C'est impossible !... O mon Dieu ! si je t'ai offensé, punis-moi d'une façon humaine !... mais ne presse pas mon âme, ô mon Dieu !... entre la mort du père... et la honte de la fille !... Je n'écrirai pas cela, Monsieur.

WURM.

Comme vous voudrez, Mademoiselle ; qui vous force ?

LOUISE.

Qui me force ?...

WURM, *reprenant son chapeau.*

Sans doute ; vous m'avez demandé un conseil, je vous l'ai donné, voilà tout... C'est à vous de le suivre ou non ; vous êtes libre.

LOUISE.

Je suis libre !... Malheureux ! qui suspends une créature humaine au-dessus des abîmes de l'enfer, et qui lui dis : « Tu es libre !... » Eh bien ! oui, je suis libre !... et librement je choisis la honte !... Continue de dicter, je suis prête à écrire !

WURM, *dictant.*

« Que ne puisse mettre en défaut un véritable amour... »

LOUISE.

Après, après ! c'est écrit.

WURM, *dictant.*

« Vous savez, sans doute, la scène que le président est venu faire hier chez nous. »

LOUISE.

Chez nous...

WURM, *dictant.*

« J'ai eu recours à un évanouissement dont le major a été parfaitement dupe... »

LOUISE.

Justice de Dieu !..... Pauvre Ferdinand, qui m'offrait tout à l'heure de fuire ensemble !

WURM, *dictant.*

« Si bien dupe, que ce matin il est venu m'offrir de fuir avec lui... »

LOUISE.

Il ramasse l'arme qui tombe de mes mains avant même qu'elle soit à terre !

WURM, *dictant.*

« Mais il reviendra, il me pressera de nouveau, et, en vérité, je ne saurai que lui dire. Il est de service demain. Venez me trouver à l'endroit convenu, et là vous me dicterez le plan que je dois suivre. Votre tendre LOUISE. »

LOUISE.

Louise... Maintenant l'adresse manque encore.

WURM.

« A monsieur le maréchal du palais, baron de Kalb. »

LOUISE.

Éternelle providence !... Un nom aussi étranger à mes oreilles que ces infâmes lignes le sont à mon cœur.

WURM.

Vous vous trompez ; le baron est venu trois jours de suite ici.

LOUISE.

Mais pas pour moi, mon Dieu ! pour mon père ! Moi, je ne l'ai pas même vu ! (*Elle met l'adresse.*) Tenez, Monsieur : c'est mon nom pur et honnête que je mets entre vos mains pour en faire un nom flétri ; c'est le cœur de Ferdinand et le mien que je vous donne à tordre et à briser. Maintenant, la dernière mendiante vaut mieux que moi.

WURM.

Ne vous désespérez pas ainsi, ma chère demoiselle. Qui sait si tout cela n'est pas pour votre bonheur ? Je sais un homme qui vous aime... assez pour passer par-dessus certaines choses. Eh pardieu ! cet homme...

LOUISE.

N'achevez pas, Monsieur... vous allez vous souhaiter quelque chose d'effroyable !

WURM.

A moi ?

LOUISE.

Oui ; car si cet homme dont vous parlez, c'était vous...

WURM.

Et que cet homme consentît à vous épouser ?...

LOUISE.

Je le poignarderais la première nuit de mes noces, et j'irais ensuite m'étendre sur la roue avec volupté ! Maintenant, en avons-nous fini, Monsieur ? La colombe est-elle bien hors des serres du vautour, et peut-elle reprendre son vol vers le ciel ?

WURM.

Oui... à une seule condition...

LOUISE.

Laquelle ?

WURM.

Sur la vie de votre père... vous jurez à tout le monde, et même au major, que la lettre que vous venez d'écrire est volontaire.

LOUISE.

Soit ! mais qui me répondra ?...

WURM.

Si votre père n'est pas ici dans un quart d'heure, vous serez déliée de votre serment, et vous pourrez tout dire à M. de Walter.

LOUISE.

Sur la tête de mon père, je jure que je dirai à tout le monde, et même au major, que cette lettre a été écrite volontairement !... Allez, Monsieur ! (*Wurm sort ; Louise tombe brisée sur un fauteuil.*)

FIN DU TROISIÈME ACTE.

ACTE IV.

TABLEAU VII. — SALON CHEZ LE PRÉSIDENT.

SCÈNE I.

FERDINAND, *puis* UN VALET. (*Ferdinand entre la lettre de Louise à la main, il va à une table et sonne ; un valet entre.*)

FERDINAND.

Le maréchal est-il ici ?...

LE VALET.

Monsieur le major, Son Excellence M. le président désire vous parler.

FERDINAND.

Mille tonnerres ! je te demande si le président du palais de Kalb est ici !...

LE VALET.

Oui, Monsieur le major... il est là-haut assis à la table de pharaon.

FERDINAND.

Qu'il descende à l'instant même, ici ! Il faut que je lui parle, entends-tu bien ? ... à l'instant même.

LE VALET.

Pardon, monseigneur.

FERDINAND.

Attends !... peut-être ne descendrait-il point s'il se doutait quelle chose je lui garde ici... S'il te demande quel aspect j'ai... réponds-lui que je suis calme et que j'ai plutôt l'air joyeux que triste.

LE VALET.

J'obéis, Monseigneur !... (*Il sort.*)

SCÈNE II.

FERDINAND, *seul.*

Oh ! c'est impossible !... impossible ! une si céleste enveloppe ne peut cacher un cœur si corrompu ! .. Et cependant... cependant, si tous les anges descendaient du ciel pour m'affirmer qu'elle n'est pas coupable... cependant si le ciel et la terre, si la créature et le créateur s'unissaient pour me garantir son innocence... je serais obligé de leur répondre à tous... Vous mentez !... c'est son écriture... vous mentez... Oh ! c'est une trahison inouïe ! C'est une fourberie infâme, comme jamais l'humanité n'en a vu !... Oh ! j'avais donc raison quand je demandais qu'on éloignât cet homme !... Et Dieu m'est témoin, cependant, qu'alors je ne craignais qu'une seule chose... la calomnie. Voilà donc pourquoi on ne voulait pas fuir avec moi ! Voilà quelle honteuse réalité se cachait sous tous ces semblants de vertu ! Oh ! j'étais aveugle !... mes yeux s'ouvrent... je vois tout... Oh ! cet héroïsme dont elle faisait audacieusement parade, à quelle passion impure prenait-il sa source ?... Oh ! m'avait-elle bien étudié... me connaissait-elle profondément pour s'être emparée de tout mon être, qu'elle pouvait d'un mot, d'une larme, d'un geste, ralentir ou hâter les battements de mon cœur ! Dieu, Dieu tout-puissant !... et tout cela n'était que feinte... tout cela n'était que mensonge !... Un démon qui eût su tromper comme elle fût parvenu à se glisser dans le royaume des cieux, et à prendre place parmi les anges!... avec quelle dignité victorieuse elle supportait l'outrage de mon père!... Et cependant, mon père avait raison... cependant, elle se sentait coupable en elle-même... et j'eusse juré, moi, qu'elle était innocente, comme si elle fût sortie pure de l'épreuve du feu!... Ainsi donc, quand elle venait au-devant de moi, le front calme et le sourire sur les lèvres, elle me trompait!... Quand le soir, absorbés tous les deux dans la contemplation des splendeurs célestes, infinies comme le véritable amour, elle serrait ma main dans les siennes... elle me trompait encore!... Quand, ramenant nos yeux du ciel à la terre, confondant nos regards dans un seul regard, notre voix dans un seul accord, notre respiration dans un seul souffle... quand elle me disait, je t'aime!... elle me trompait toujours!... Oh! que va-t-elle me dire quand nous nous trouverons face à face, et que je l'accuserai, cette lettre à la main?... Mort et vengeance!... ce sera une heure terrible, que cette heure-là!...

LE VALET.

M. le maréchal de Kalb!

FERDINAND.

On lui a promis un air calme et joyeux : tenons ce qu'on lui a promis.

SCÈNE III.

FERDINAND, LE MARÉCHAL.

FERDINAND.

Eh! bonjour, mon cher maréchal!

LE MARÉCHAL.

Vous m'avez fait demander, mon bon?

FERDINAND.

Ma foi, oui; j'ai des remercîments à vous faire.

LE MARÉCHAL, *à part.*

Oh! oh!... il prend assez bien la chose, à ce qu'il paraît. (*Haut.*) A moi des remercîments?

FERDINAND.

Savez-vous que, sans vous, maréchal, j'allais faire une grande sottise.

LE MARÉCHAL.

Vraiment; et laquelle?

FERDINAND.

Vous savez qu'il avait été question d'un mariage entre moi et Milady?

LE MARÉCHAL.

Oui, oui, il m'en est revenu quelque chose; mais on m'a dit que vous refusiez, très-cher...

FERDINAND.

Et justement voilà où était la sottise! Imaginez-vous... oh! c'est fort drôle!... imaginez-vous que j'étais amoureux, mais amoureux fou d'une petite bourgeoise...

LE MARÉCHAL.

Bah!

FERDINAND.

Oui, de la fille de Miller, le musicien.

LE MARÉCHAL.

Oh!

FERDINAND.

Rassurez-vous. En tout bien, tout honneur... J'étais assez sot pour respecter l'innocence de la chaste enfant.

LE MARÉCHAL.

Vraiment! mais c'est exemplaire, savez-vous?

FERDINAND.

Quand, aujourd'hui, en suivant... un de mes bons amis...

LE MARÉCHAL.

Quand, aujourd'hui, en suivant... un de vos bons amis...

FERDINAND.

Je le vois tirer son mouchoir de sa poche... et, en tirant son mouchoir, faire tomber une lettre.

LE MARÉCHAL.

Une lettre?

FERDINAND.

Oui... Et voyez, comme cela se rencontre, cette lettre était justement de cette petite bourgeoise à laquelle je sacrifiais... fortune, avenir, tout, jusqu'à l'amour filial.

LE MARÉCHAL.

De sorte que?

FERDINAND.

De sorte que, vous comprenez toute la reconnaissance que je garde à cet homme... Cette lettre, la voilà... la reconnaissez-vous, maréchal?

LE MARÉCHAL.

Ma foi, oui, vraiment!... Tiens, c'est étrange, et vous l'avez lue?

FERDINAND.

Pardieu!

LE MARÉCHAL.

Eh bien, oui, je l'avoue, je me suis encanaillé... La petite n'est pas noble, mais elle est jolie.

FERDINAND.

Ainsi, je ne me trompais pas, c'est bien de votre poche que la lettre est tombée?

LE MARÉCHAL.

C'est bien de ma poche.

FERDINAND.

Et c'était à vous, et pas à un de vos frères, pas à un de vos parents que cette lettre était adressée?

LE MARÉCHAL.

C'était à moi, pardieu! Il n'y a qu'un baron de Kalb qui soit maréchal du palais!

FERDINAND, *terrible.*

Très-bien, monsieur le baron de Kalb, maréchal du palais! réglez vos comptes avec Dieu, vous allez mourir!

LE MARÉCHAL.

Moi! allons donc, baron, vous êtes fou!

FERDINAND, *tirant un pistolet de sa poche.*

N'essayez pas de fuir, monsieur, c'est inutile...

LE MARÉCHAL.

Des pistolets!... voulez-vous m'assassiner?

FERDINAND.

Non, mais je veux que nous nous brûlions mutuellement la cervelle!... c'est une idée qui m'est venue en lisant cette lettre qui est tombée de votre poche. (*Il tire un mouchoir de sa poche.*) Allons, monsieur, prenez un bout de ce mouchoir, je tiendrai l'autre.

LE MARÉCHAL.

Mais à quoi donc pensez-vous? mon Dieu!

FERDINAND.

Prenez le bout de ce mouchoir, vous dis-je! car vous tremblez de telle façon que vous pourriez bien manquer le but!... Allons, prenez, et remerciez Dieu qui a songé à vous mettre pour la première fois quelque chose dans la tête. (*Le maréchal veut sortir.*) Non pas, non pas... ceci est défendu!

LE MARÉCHAL.

Dans cette chambre, baron, y songez-vous?

FERDINAND.

Allons, prends... vise et vise bien.

LE MARÉCHAL.

Oh! jeune homme! je ne permettrai pas que vous exposiez ainsi votre première vie.

FERDINAND.

Merci, je n'ai plus rien à faire dans ce monde.

LE MARÉCHAL.

C'est possible, baron, mais moi j'ai beaucoup...

FERDINAND.

Ah! oui, je comprends, tu dois perpétuer cette race maudite qui fourmille autour des princes pour faire maudire les princes... La Providence a peut-être quelque but que l'avenir nous cache, et quand on pense que voilà un homme inutile au monde entier... que dis-je, inutile?... ce ne serait rien... nuisible, fatal; à qui l'État paye un subside avec lequel on nourrirait vingt pauvres et honnêtes familles; quand on pense que voilà un lâche dont la poitrine frissonne à la vue d'une arme à feu, et à qui l'on met sur le cœur la même croix qu'à ceux dont le cœur bat au nom du courage et de l'honneur. Je sais bien que toute chose a son contre-poids dans la balance sublime de l'univers, qu'il faut des vipères et des courtisans du moment où il y a des nobles animaux et des nobles hommes : mais que le courtisan ne vienne pas ramper sur mon amour; que la vipère ne vienne pas jeter son venin sur mes fleurs, ou vipère et courtisan, j'écrase tout sous mon pied!

LE MARÉCHAL.

Laissez-moi, baron.

FERDINAND.

Que je te laisse, malheureux...

LE MARÉCHAL.

Oui, je vais tout vous découvrir.

FERDINAND.

Et que m'apprendras-tu que je ne sache déjà?

LE MARÉCHAL.

Bien des choses, mon cher baron; bien des choses pourvu que vous ayez une minute de patience.

FERDINAND.

Jusqu'où en étais-tu venu avec elle? Dis-le-moi ou tu es mort.

LE MARÉCHAL.

Mais écoutez donc, très-cher. C'est votre père, c'est le président lui-même!... Mais vous n'écoutez point!... Baron, je ne connais pas la jeune fille... je l'ai vue une fois dans ma vie, voilà tout.

FERDINAND.

Oh! lâche! il ne la conn... it pas!... il l'a vue une fois dans sa vie! après l'avoir perdue, il la renie! Oh! va-t'en... va-t'en misérable! Tu ne vaudrais pas la poudre qu'on brûlerait pour toi.

LE MARÉCHAL, *se glissant entre la porte entre-bâillée.*

Si l'on m'y reprend jamais!... (*Il sort.*)

SCÈNE IV.

FERDINAND, *seul.*

Et c'est pour un pareil homme qu'elle m'a trompé. Oh! juge éternel de l'univers! Puisque tu as détourné ton regard d'elle... N'y songe plus et abandonne-la-moi!... Tout ce que je demande de ma part à ce monde... c'est elle... elle seule... Je renonce à toute la création... J'étais son dieu!... que je sois son démon; cette union est horrible, mais elle est éternelle.

SCÈNE V.

FERDINAND, LE PRÉSIDENT.

(*Ferdinand va pour sortir il rencontre son père.*)

FERDINAND.

Mon père!

LE PRÉSIDENT.

En vérité, je suis heureux de te rencontrer Ferdinand, je viens t'annoncer une bonne nouvelle qui à coup sûr te surprendra. Asseyons-nous.

FERDINAND, *s'approchant de lui.*

Mon père! (*Lui donnant la main.*) Mon père!... (*Tombant à genoux.*) O mon père!

LE PRÉSIDENT.

Qu'as-tu, mon fils? ta main est brûlante!... tu trembles?... Voyons, que fais-tu là, à mes genoux... Lève-toi!... mais lève-toi donc.

FERDINAND.

Non, pas avant que vous m'ayez pardonné.

LE PRÉSIDENT.

Que veux-tu dire?

FERDINAND.

Pardon pour mon ingratitude! Oh! je suis malheureux... j'ai méconnu vos conseils... Et cependant... cependant, mon Dieu, vos conseils étaient prophétiques! Pardonnez-moi, mon père, pardonnez-moi.

LE PRÉSIDENT.

Ferdinand, je ne te comprends pas.

FERDINAND.

Oh! mon père... cette jeune fille cette Louise.

LE PRÉSIDENT.

Oui, j'ai eu tort, Ferdinand de me laisser entraîner ainsi... Mais, de sang-froid, en songeant combien cette enfant était douce, résignée et belle... de sang-froid, j'ai maudit ma dureté, et je suis descendu pour m'excuser près de toi.

FERDINAND.

Vous excuser près de moi! oh! mon père! votre désapprobation était sagesse, votre dureté pressentiment... Cette Louise... mon père...

LE PRÉSIDENT.

Est une bonne et excellente fille! aussi je rétracte mon jugement trop précipité, et en lui rendant toute mon estime, je lui promets la moitié de mon amour.

FERDINAND.

Oh! et vous aussi, vous aussi, mon père!... N'est-ce pas qu'il était facile de se tromper à cette innocence, n'est-ce pas qu'il était impossible quand on l'a vue de ne point l'aimer? eh bien? cette Louise, mon père...

LE PRÉSIDENT.

Est digne d'être ma fille, Ferdinand... sa beauté lui tiendra lieu de fortune et sa vertu d'ancêtres... tu es assez noble et assez riche pour deux... que Louise soit à toi mon fils! non-seulement je ne m'oppose plus à cette union, mais encore j'y consens avec joie.

FERDINAND.

Oh! ceci me manquait encore!... Adieu mon père. (*Il s'élance hors de l'appartement.*)

LE PRÉSIDENT.

En vérité, ce serpent de Wurm avait raison; la ligne droite est la plus courte, mais la ligne courbe est la plus sûre.

TABLEAU VIII. — LE BOUDOIR DE LADY MYLFORT.

SCÈNE I.

LADY MYLFORT, SOPHIE.

LADY, *à Sophie.*

L'as-tu vue? viendra-t-elle?

SOPHIE.

A l'instant, madame, je l'ai trouvée chez elle, en robe du matin, et elle a demandé seulement quelques minutes pour s'habiller.

LADY.

A-t-elle fait des difficultés à venir?...

SOPHIE.

Elle a paru surprise: est demeurée un instant rêveuse, et m'a regardée avec de grands yeux étonnés. Je me préparais déjà à ses défaites, lorsque, à mon grand étonnement, elle m'a répondu: Votre maîtresse désire aujourd'hui ce que j'aurais souhaité d'elle demain.

LADY.

Me serais-je trompée à l'égard de cette jeune fille, et serait-elle autre que je ne l'espérais?... Oh! Sophie! si elle allait n'être point une femme ordinaire! si j'allais être forcée de reconnaître moi-même qu'elle mérite son amour!...

SOPHIE.

Oh! Milady... faites-y attention!... vous n'avez point là l'humeur qui convient pour recevoir une rivale. Rappelez-vous qui vous êtes! appelez à votre secours l'orgueil de votre naissance, la fierté de votre rang.

LADY.

Que dis-tu? folle!

SOPHIE.

Il ne suffit pas, Milady, que les diamants étincellent dans vos cheveux, il ne suffit pas que votre antichambre regorge d'heiduques et de pages: il ne suffit pas que vous receviez la petite bourgeoise dans le plus charmant boudoir de votre palais! elle ne fera attention à aucune de ces choses, je vous en réponds.

LADY.

N'est-il pas insupportable, en vérité que les femmes, dans quelque condition qu'elles soient, aient des yeux si clairvoyants pour les faiblesses des femmes!

UN LAQUAIS.

Mademoiselle Louise Miller!

LADY.

C'est bien! laisse-nous, Sophie! (*Sophie sort.*) Allons, maintenant, voici l'heure du combat!... qu'elle entre!

SCÈNE II.

LADY MYLFORT, LOUISE. (*Louise reste près de la porte, Lady Mylfort la regarde dans une glace.*)

LOUISE.

Madame, j'attends vos ordres...

LADY.

Ah!... il y a quelqu'un là?...

LOUISE.

Oui, madame, quelqu'un que vous avez fait demander.

LADY.

Ah!... vous êtes la jeune fille en question?... une certaine... comment donc vous nomme-t-on? je ne me le rappelle plus.

LOUISE.

Mon père s'appelle Miller, madame; et vous avez désiré, m'a-t-on dit, parler à sa fille.

LADY.

Ah! très-bien! oui, oui, je me souviens... vous êtes cette jeune personne qui faites si grand bruit à la cour depuis quelque temps... (*A part.*) Agréable, voilà tout. Mais ce n'est point une beauté... (*Haut.*) Approchez, mon enfant! (*Bas.*) Ah! nous avons pleuré!... (*Haut.*) Approchez encore plus près... tout près!... est-ce que je vous fais peur mademoiselle?

LOUISE.

A moi, madame?... Oh! mon Dieu! non!... je ne crains plus rien maintenant.

LADY.

Voyez cela!... on vous a recommandée à moi, mademoiselle; on m'a dit que vous aviez un peu d'instruction, quelque usage de la société... je le crois, car, pour rien au monde, je ne voudrais traiter de menteur un si haut protecteur que celui que vous avez.

LOUISE.

Et cependant, madame, je ne connais personne qui puisse se donner la peine de me chercher une patronne.

LADY, *bas.*

Allons, allons, plus d'aplomb, que cette physionomie n'en

laissait deviner ! (*Haut.*) Et quel âge avez-vous, mademoiselle ? si, toutefois, on ose vous faire cette question...

LOUISE.

Dix-huit ans.

LADY, *à part.*

Dix-huit ans ! Oh ! c'est très-bien cela !... la première pulsation de l'amour... le premier éveil de la passion... le premier son argentin du bonheur dans le clavier-vierge de l'imagination. (*Elle se lève.*) Et lui aussi, il aime pour la première fois !... au fait, qu'y a-t-il d'étonnant à ce que les premiers rayons d'un amour se rencontrent et se confondent ! (*Haut.*) Allons, c'est décidé, ma chère ; je veux m'occuper sérieusement de toi... Ma Sophie se marie, tu auras cette place.

LOUISE.

Je vous remercie de cette grâce, Milady, comme si je pouvais l'accepter !

LADY.

Comment ! vous refusez ?

LOUISE.

J'ai ce regret, Milady...

LADY.

Voyez donc la grande dame !... D'ordinaire les jeunes filles de votre condition s'estiment heureuses lorsqu'elles trouvent des maisons où se placer. Qu'ambitionnez-vous donc, ma précieuse ?... ces doigts sont-ils trop délicats pour le travail ?... est-ce ce visage chiffonné qui vous rend si fière ?...

LOUISE.

Hélas ! madame, mon visage m'appartient aussi peu que ma naissance !... tous deux me viennent du hasard, et je ne serai jamais fière de l'un, ni honteuse de l'autre.

LADY, *remontant à la cheminée.*

Ou peut-être, croyez-vous que votre jeunesse et votre fraîcheur doivent durer éternellement !... Pauvre enfant !... Celui qui t'a mis une telle erreur en tête (que ce soit qui cela voudra) t'a menti, à toi et à lui-même. Hélas ! ce que ton miroir te vend pour de l'or massif, n'est qu'une mince et légère feuille de vermeil, qui, un jour ou l'autre, restera aux mains de ton adorateur !... que feras-tu alors ?

LOUISE.

Je plaindrai l'adorateur, Milady, qui aura acheté un diamant, non pour le diamant lui-même, mais pour l'or sur lequel il le croyait monté.

LADY, *paraissant ne pas écouter et redescendant à Louise.*

Oh ! c'est que je connais cela ; une jeune fille de votre âge a toujours deux miroirs, le vrai et le faux, sa glace et son admirateur... la complaisante docilité du second corrige la rude franchise du premier... Et vous, naïves jeunes filles, vous ne croyez que celui-ci, quelque chose, que vous dise celui-là... puis un beau jour l'adorateur se retire, le miroir reste seul... (*Elle va sur le sofa.*) et la terrible vérité apparaît tout entière...

LOUISE, *regardant Lady.*

Vous avez là un bien magnifique collier de saphir, Madame, pour une femme qui vient de faire un si beau discours sur les vanités humaines.

LADY.

Et quand on pense que ce sont les conseils de cette prétendue beauté qui vous rendent si fière que de refuser la condition que je vous offre !...

LOUISE.

Oh ! non, Madame, vous vous trompez, ce ne sont point les conseils de cette prétendue beauté comme vous dites. C'est une voix bien autrement sévère !... (*Elle s'approche.*) Cette voix me dit, Madame, qu'il y a dans ce monde certaines choses qu'il faut bien se garder de s'approcher,.. les unes étant un reproche pour les autres.

LADY.

Que voulez-vous dire, Mademoiselle ? expliquez-vous.

LOUISE.

Je veux dire, Madame, que vous vous repentiriez bientôt d'avoir placé à vos côtés une pauvre fille, dont l'innocence bourgeoise serait la censure éternelle de vos fêtes et de vos plaisirs... Encore une fois, Madame, veuillez donc m'excuser, car je ne puis accepter, si honorable qu'elle soit pour moi, la place de votre femme de chambre.

LADY, *à part.*

Oh ! c'est insupportable qu'elle me dise ceci ! et insupportable surtout qu'elle ait raison !... (*Haut.*) Jeune fille !... jeune fille !... il y a un autre motif à ton refus que celui que tu me donnes... mais prends garde... que je le découvre jamais !...

LOUISE.

Et quand vous l'aurez découvert, Madame, croyez-vous que je craigne votre vengeance ? hélas ! ma misère est montée si haut, Madame, que ma franchise même, cette vertu si étrangère aux lieux où je me trouve, ne peut s'augmenter !.. Vous voulez, dites-vous, me tirer de la poussière de mon extraction... j'oserai demander à Milady quelle chose de ma part a pu l'autoriser à se poser comme la créatrice de mon bonheur, avant d'être certaine que je consentisse à recevoir le bonheur de ses mains ? d'ailleurs pour dispenser ainsi le bonheur, êtes-vous heureuse vous-même, Milady ?... et si maintenant nous devions échanger cœur contre cœur, destinée contre destinée ; si brisé que soit mon cœur, si sombre que soit ma destinée, n'accepteriez-vous pas l'échange... avec reconnaissance, avec joie ?... oh ! vous voyez bien que vous n'osez pas dire non, Madame...

LADY *s'assied.*

Ah ! incompréhensible ! inouï !... Jeune fille, jeune fille... tu n'es pas née avec cette grandeur dans l'âme, et ton père est trop vieux pour te l'avoir donnée... elle te vient d'une autre source, avoue-le ?

LOUISE.

Qu'ai-je besoin de vous avouer ce que vous savez aussi bien que moi, Madame ?

LADY, *se levant.*

Eh bien, oui, je sais cela... je sais autre chose encore... je sais plus que je n'en voudrais savoir, enfin. C'est te dire que tu as osé l'aimer assez longtemps ; qu'il faut, à partir d'aujourd'hui, renoncer à cet amour, entièrement, complétement.

LOUISE.

Quand j'aurais renoncé, non pas à l'aimer, c'est impossible ! mais à le lui dire, vous en aimerait-il davantage, Madame ?

LADY.

Eh bien, soit ; je ne puis être heureuse avec lui, mais je puis l'empêcher de l'être. Détruire la félicité d'une rivale, c'est encore un félicité.

LOUISE.

Une félicité dont un autre vous a déjà privée, Milady. Ne calomniez donc pas votre propre cœur, car vous êtes incapable d'exécuter les menaces que vous m'adressez... vous êtes incapable de torturer une pauvre créature qui ne vous a fait d'autre mal que d'avoir pensé, senti, éprouvé, comme vous... Milady, votre colère me raccommode avec votre douceur. (*Elle remonte.*)

LADY.

Mais où suis-je donc, mon Dieu ! à quel emportement me suis-je laissé aller ? Ah ! oui, oui, il fallait que je fusse folle pour dire... ce que j'ai dit ! Louise, cœur pur, âme céleste, pardonne à une insensée !... Non, tu dis vrai, pauvre enfant, non, pour l'empire du monde, je ne voudrais pas toucher à un seul de tes cheveux ! Souhaite, demande, exige tout ce que tu voudras, je te le donnerai... Louise, je veux être ton amie, ta sœur, ta mère... Tu es pauvre, eh bien ! bijoux, chevaux, voiture, je vendrai tout... je te donnerai tout !... mais renonce à lui !

LOUISE.

C'est fait, Madame, sans que vous ayez eu besoin de rien donner ni rien offrir.

LADY.

Que dis-tu ?

LOUISE.

Raillez-vous un cœur désespéré, Madame, où n'avez-vous réellement pris aucune part à l'infâme action ?... Vous me demandez de renoncer à lui, Madame ! eh bien ! prenez-le... je vous abandonne à tout jamais et sans retour l'homme qu'on a arraché de mon cœur déchiré et saignant !... Peut-être ne le saviez-vous pas, d'ailleurs, que vous détruisiez le ciel de deux amants, que vous sépariez deux âmes qui se croyaient réunies dans une éternité d'amour et de bonheur !... Prenez-le, il est à vous maintenant, Milady... prenez-le et et conduisez-le à l'autel !... Seulement, n'oubliez pas, Milady, que le fantôme sanglant d'une suicidée se dressera entre vous deux, au moment où vos lèvres échangeront leur premier baiser !.. Adieu, Milady... le Seigneur est miséricordieux !... (*Elle sort.*)

SCÈNE III.

LADY MYLFORT, *seule.*

Qu'a dit cette malheureuse ? Mon Dieu ! j'ai mal entendu sans doute... mais, non, elles résonnent encore à mon oreille les paroles de ma condamnation... celles que j'entendrai retentir jusqu'au fond de mon cœur, le jour du dernier jugement !... Prenez-le !... Qui ! malheureuse ?... Le don de ton agonie... le legs de ton désespoir... Prenez-le !... Oh ! de quel ton et avec quel regard elle a dit cela ! la fière abandonnée... Prenez-le... Non, non ! ce qu'une autre femme peut faire, je le ferai !... Et Emilie de Norfolk sera toujours à la hauteur de quiconque se mesurera à elle !... Et maintenant, referme-toi, cœur saignant ! et maintenant, brûlez mes yeux, plutôt que de couler sur mes joues, larmes désespérées ! et maintenant, évanouissez-vous et disparaissez à jamais, songes dorés de l'amour !... A partir de cette heure, tout est fini !... d'un seul coup, je brise et les liens qui m'attachaient au duc et cette passion terrible qui m'enchaînait à Ferdinand! Allons, allons! il faut que cela s'accomplisse! aujourd'hui même, à l'instant... avant que je ne le revoie!... Si je le revoyais, mon Dieu!... je ne répondrais plus de rien!

SCÈNE IV.

LADY MYLFORT, SOPHIE.

SOPHIE.

Madame, le maréchal du palais est là.

LADY.

Le maréchal!

SOPHIE.

Il vient de la part de son altesse, et demande si Milady est visible.

LADY.

C'est justement l'homme qu'il me faut pour le message. Je n'ai qu'un regret, c'est de ne pouvoir voir de mes propres yeux comment l'illustre marionnette supportera la colère du prince.

SOPHIE.

Qu'ordonne Milady?

LADY, *à une table écrivant.*

Qu'il entre. (*Sophie sort. — Lady écrivant.*) Il dira que j'ai oublié ses bienfaits, il m'accusera d'ingratitude... il dira que j'étais seule, abandonnée, et qu'il m'a tirée de la misère... Prince, prince! dis ce que tu voudras... ma honte a tout payé avec usure!

SCÈNE V.

LADY MYLFORT, SOPHIE, LE MARÉCHAL.

LE MARÉCHAL, *qui est entré depuis quelques instants, tournant autour de Lady Mylfort.*

Milady paraît un peu distraite... Milady paraît fort distraite... Milady... (*A part.*) Il faut que j'aie la témérité de tousser (*Il tousse, lady Mylfort se retourne.*) Ah! Milady, son altesse m'envoie vous demander s'il y aurait ce soir bal ou comédie?

LADY.

L'un ou l'autre, au choix de son altesse, mon très-cher maréchal.

LE MARÉCHAL, *à part.*

Elle a dit: « Très-cher!... »

LADY.

Maintenant, voulez-vous bien vous charger d'un message?

LE MARÉCHAL.

Moi, madame?

LADY.

Pour le duc.

LE MARÉCHAL.

Avec empressement.

LADY.

Ah! très-bien!... Sophie... dis qu'on mette mes chevaux, et rassemble tout mon domestique dans cette chambre.

SOPHIE.

Mais, madame...

LADY.

Eh bien?

SOPHIE.

J'obéis!... Que va-t-il se passer, mon Dieu?...

LE MARÉCHAL.

Vous paraissez agitée, madame?

LADY.

Maréchal! une bonne nouvelle!...

LE MARÉCHAL.

En annoncez-vous jamais d'autre, madame?

LADY.

Il va y avoir une place vacante à la cour!

LE MARÉCHAL.

Bah!

LADY.

Et si vous avez une sœur, une nièce... quelque parente qui cherche fortune, enfin...

LE MARÉCHAL.

Je ne comprends pas!

LADY, *lui montrant la lettre adressée au prince.*

Lisez, lisez tout haut!... (*Les domestiques sont rassemblés au fond.*)

LE MARÉCHAL, *lisant.*

« Mon gracieux seigneur, le bonheur de votre duché a été la condition première de notre amour... Les cris de misère et de douleur de votre peuple sont montés jusqu'à moi... Le pacte est rompu!... Je hais la faveur qu'arrosent les larmes de cent mille créatures humaines! donnez cet amour auquel je ne puis plus répondre à votre pays qui l'implore, et apprenez d'une princesse anglaise à avoir pitié de votre peuple allemand. Dans une heure, j'aurai passé la frontière. JEANNE DE NORFOLK. »

TOUT LE MONDE.

Passé la frontière?

LE VIEUX DOMESTIQUE, *s'approchant de Milady.*

Pardon de ce que je vous ai dit, madame; si vous avez besoin d'un serviteur dévoué...

LADY.

Ami, je t'ai promis que tu reverrais tes enfants, et tu les reverras!... C'est la dernière grâce que je demanderai au duc! (*Lui donnant sa main à baiser.*) Adieu!...

LE MARÉCHAL.

Le ciel me préserve, ma toute belle et gracieuse dame, de porter une pareille lettre au duc! Il faudrait, en vérité, que je fusse fou.

LADY.

C'est pourtant vous que j'en charge, maréchal... Eh! mon Dieu! ce message vous vaudra la faveur de celle qui me succédera!... Gardez, gardez.

LE MARÉCHAL.

Au fait, madame, j'ai toujours été votre très-humble serviteur.

LADY.

Vous êtes étonnés de ce que vous voyez et de ce que vous entendez, braves gens, et vous attendez avec anxiété le mot de l'énigme... Approchez, mes amis! vous m'avez servie avec chaleur et loyauté. Il est étrange que le souvenir de votre fidélité doive se marier à celui de mon abaissement, et que mes jours les plus sombres aient été vos jours les plus heureux!... N'importe! je me souviendrai, je vous le promets! Adieu, mes enfants!... Je vous quitte!... Vous ne me reverrez jamais! Adieu! Emilie de Mylfort n'existe plus, et Jeanne de Norfolk est trop pauvre pour se charger de sa dette!... Ce palais est au duc: qu'il demeure la propriété de son altesse!... Mais mon argent, mes bijoux m'appartiennent; je les ai payés assez cher pour les regarder comme ma propriété!... Mon trésorier partagera tout ce que je possède entre vous, et le dernier de vous sortira d'ici plus riche que sa maîtresse! Oui, oui... je vous comprends, mes amis... mais c'est impossible... impossible que je demeure ici... un jour... une heure, une minute de plus!... Adieu!... adieu!... adieu pour jamais. (*Elle sort.*)

TOUS.

O mon Dieu! mon Dieu!

LE MARÉCHAL.

Allons porter cette lettre au duc!... J'ai trouvé un moyen!... (*Il sort.*)

LADY, *rentre.*

Encore une fois, adieu! (*Elle donne ses deux mains; les plus rapprochés d'elle tombent à genoux et les lui baisent.*)

FIN DU QUATRIÈME ACTE.

ACTE V.

TABLEAU IX — LA CHAMBRE CHEZ MILLER.

SCÈNE I.

MILLER, *seul, sortant d'une chambre.*

Louise!... mon enfant, où es-tu? Réponds-moi donc! C'est moi... c'est ton père!... (*Il va à l'autre chambre.*) Louise!... Personne là, non plus!... Peut-être est-elle rentrée depuis que je suis rentré moi-même! (*Il va à l'escalier.*) Louise!... (*Il allume une lampe avec sa lanterne.*) Patience! pauvre malheureux père... patience! Attends qu'il fasse jour, et va chercher ta fille au bord de la rivière. Peut-être la retrouveras-tu là!... O mon Dieu! mon Dieu! si j'ai péché par trop d'amour pour ma fille... ô mon Dieu! tu me punis bien durement!

SCÈNE II.

MILLER, *dans un fauteuil,* LOUISE *entrant.*

LOUISE.

J'espérais qu'ils me manqueraient de parole, et que je serais dégagée de mon serment; mais ils s'en sont bien gardés, les infâmes, je leur appartiens toujours. (*Allant au vieillard.*) Mon père!

MILLER.

Es-tu là, mon enfant? Est-ce toi, est-ce bien toi?

LOUISE.

Oui, mon père... depuis quand êtes-vous de retour?

MILLER.

Depuis cinq minutes... mais reçois tous mes remercîments, ma Louise bien-aimée... Wurm m'a tout dit.

LOUISE.

Tout.

MILLER.

Oui, que tu renonçais à Ferdinand...

LOUISE.

Voilà tout ce qu'il vous a dit?...

MILLER.

Tout ce qu'il m'a dit... Y a-t-il donc autre chose?...

LOUISE.

Non !... et...

MILLER.

Et que le président, satisfait de ta docilité, m'ouvrait les portes de ma prison.

LOUISE.

Et ma mère?

MILLER.

En liberté aussi, la pauvre vieille!... je l'ai conduite, à moitié folle, chez sa sœur. Je ne me fiais pas à la parole de cette belette de Wurm... une seconde scène comme celle de ce matin l'aurait tuée... et quoique ce soit elle la vraie coupable...

LOUISE.

Il n'y a pas d'autre coupable que moi, mon père...

MILLER.

Mon enfant, mon enfant!... avec quel ton tu me dis cela!

LOUISE.

Ne suis-je point calme?

MILLER.

Trop calme, Louise... et c'est cela qui m'inquiète...

LOUISE.

Père, j'ai livré un violent combat!... mais Dieu a donné la force à ta fille, et ta fille a vaincu!... on dit, mon père, que notre sexe est faible... ne crois pas cela, père... nous reculons devant un danger frivole, mais nous marchons à la mort, et nous lui tendons la main d'un front aussi calme que pourrait le faire le plus intrépide soldat! Vous vous trompez, mon père, non-seulement je suis calme, mais encore je suis gaie.

MILLER.

Louise, Louise! j'aimerais mieux des larmes que cette gaieté-là.

LOUISE, *allant à une table.*

Comme je vais les tromper tous!... oh! l'amour est plus adroit et plus fort qu'eux... il ne savait pas cela, l'homme à la sinistre étoile!... il a cru sceller sa tromperie par un serment... le serment lie les vivants, mais vienne la mort, et la mort brise tout à la fois le serment et la vie! (*Elle écrit.*)

MILLER, *s'approche lentement.*

Que fait-elle?

LOUISE.

J'ai promis de ne plus revoir Ferdinand, mon père, mais je n'ai pas promis de ne plus lui écrire.

MILLER.

C'est ton adieu?

LOUISE.

Oui, mon père... le dernier... vous lui remettrez cette lettre, n'est-ce pas?

MILLER.

A la condition que je la lirai...

LOUISE.

Comme tu voudras, père... mais, crois-moi, tu n'en sauras pas davantage... pour tout le monde cette lettre est froide et insensible comme un cadavre; aux yeux de celui à qui elle est destinée seulement, elle est vivante.

MILLER, *lisant.*

« Tu es trahi, Ferdinand... une fourberie sans exemple a « brisé la douce alliance de nos cœurs... je ne puis t'en dire « davantage... car un serment terrible me lie, et ton père m'a « entourée d'espions... ainsi donc nous ne devons plus nous « revoir, ni dans cette pauvre chambre dont ta présence faisait « un palais, ni dans ce modeste jardin à qui le Seigneur, quand « le soir nous parlions d'avenir, faisait un dais de si belles étoiles, « qu'un instant j'ai cru qu'il approuvait notre amour... Cependant, si tu veux me rejoindre, mon bien-aimé Ferdinand, je « sais un troisième lieu... où aucun espion ne peut nous suivre, « où aucun serment ne me liera plus! » (*Miller regarde sa fille fixement.*)

LOUISE.

Pourquoi me regardes-tu ainsi, père?... lis jusqu'à la dernière ligne... lis!...

MILLER, *continuant.*

« Mais il faut que tu aies le courage de voyager sur une route « obscure, où rien n'éclairera ta marche, que ta Louise et « Dieu... laisse derrière toutes les folles espérances, tous les « vains désirs... et ne viens qu'avec ton amour et ton cœur!... « si tu y consens, pars, lorsque la cloche des Carmélites sonnera le douzième coup... » (*Miller pose la lettre et regarde Louise*). Et ce troisième lieu, ma fille, quel est-il?

LOUISE.

Tu ne le connais pas, père... tu ne le connais pas? c'est singulier!... il est dépeint cependant de manière à ce qu'on ne s'y trompe point! Ferdinand le trouvera lui... j'en suis sûre...

MILLER.

Parle plus clairement, Louise!... on dirait que tu es en délire... et cela m'épouvante.

LOUISE.

Ne me trouvais-tu pas trop calme, tout à l'heure, au contraire?... Écoute, mon père... c'est que je ne sais qu'un nom pour désigner ce troisième lieu... il ne faut pas t'effrayer de ce nom... que les hommes aveugles lui ont donné dans leur terreur... c'était l'amour qui eût dû l'appeler de son plus doux, de son plus beau nom... car il réunit à tout jamais les vrais amants, que la méchanceté des puissants a séparés... ce troisième lieu... bon père... ne t'effraye pas, ce troisième lieu... c'est la tombe...

MILLER.

O mon Dieu!

LOUISE.

Bon père!... ce ne sont que les terreurs qui entourent le mot!... écarte les terreurs; et tu ne verras plus rien, sinon, un lit de fiançailles, sur lequel l'aurore étend son tapis doré, et sur lequel le printemps sème ses plus charmantes fleurs!... c'est au pécheur tremblant... c'est au coupable épouvanté, de redouter la mort; mais non aux cœurs purs et fidèles qui vont se réunir à Dieu. Pour les premiers la mort n'est qu'un squelette hideux; pour les autres, c'est un jeune et bel ange, frère de l'amour, beau comme lui, mais moins trompeur que lui... un silencieux et complaisant génie qui offre un appui à la pauvre âme exilée, qui lui ouvre le palais enchanté de la suprême splendeur... salue amicalement et disparaît.

MILLER.

O ma fille! ma fille... tu veux porter la main sur toi-même! ma fille! tu ne commettras pas un pareil crime.

LOUISE, *la tête sur le sein de son père.*

Mon père! abandonner une société qui me repousse; quitter un monde, où j'aurais tantôt épuisé toutes mes larmes, pour un autre monde où je serai éternellement heureuse... est-ce un crime cela?

MILLER.

Oui, un crime... et le plus terrible, le plus abominable de tous... le seul qui soit sans pardon, car il est sans repentir.

LOUISE.

Oh! cela ne sera pas si rapide, mon père... j'aurai le temps de demander miséricorde au Tout-Puissant...(*Elle va s'asseoir.*)

MILLER.

Ma fille, je ne suis pas un théologien : mais il me semble que tu insultes Dieu... prends garde... prends garde!

LOUISE.

Aimer... est-ce insulter Dieu, mon père?

MILLER.

Oui, si ton amour pour la créature te fait oublier le Créateur!... Tu m'as courbé bien bas, ma fille... bien bas!... peut-être moi aussi, m'entraîneras-tu dans cette tombe que tu veux ouvrir! Écoute-moi, Louise : tu n'étais pas seulement mon enfant... tu étais mon idole, ma vie, mon tout... s'il reste en ton cœur la plus petite place à l'amour filial... songe aux seize années qui viennent de s'écouler pour moi, dans l'espérance des années à venir! Tu le vois, mon enfant, mes cheveux blanchissent... c'est le moment de la vie où nous autres pères avons besoin de recueillir l'amour que nous avons semé!... Louise! Louise! au lieu de cette moisson d'amour... ne me donneras-tu qu'une moisson de larmes et de désespoir?...

LOUISE.

Arrêtez... arrêtez! mon père... que puis-je... que dois-je... que faut-il faire. (*Elle se lève.*)

MILLER.

Si les caresses de ton Ferdinand sont plus brûlantes que les larmes de ton père... il faut mourir.

LOUISE.

Père... voici ma main! oh! que puis-je vouloir!... ne suis-je pas un misérable jouet aux mains de la fatalité... Malheur à moi, de quelque côté que je me retourne... ici mon père... là Ferdinand. (*Elle tombe.*)

MILLER.

Oui, mais ton père est présent, il pleure, il implore, il prie.

LOUISE.

Qu'il soit donc fait comme vous voulez, mon père... (*Elle déchire la lettre.*) C'était le seul moyen de me justifier à ses yeux, et maintenant que Dieu ait pitié de moi.

MILLER, *à genoux.*

Ma fille, mon enfant! Oh! je te reconnais là, ma Louise... Louise, tu as perdu un amant, mais tu as sauvé ton père!... Toi morte, je mourrais! Oh! oui, comment Dieu a-t-il permis, moi, pauvre pécheur, que je donnasse le jour à cette ange?

LOUISE.

Mais partons, partons mon père; sans retard, quittons cette

ville, quittons ce pays... loin, bien loin !... qu'il ne sache pas où nous sommes; qu'il ne puisse jamais nous rejoindre où nous serons. Si je le revois, mon père... si je le revois, je ne réponds plus de rien.

MILLER.

Partons... oui, partons à l'instant même.

LOUISE.

Mon père ! c'est lui ! je suis perdue !

SCÈNE III.

LES MÊMES, FERDINAND.

MILLER.

Qui lui?

LOUISE.

Ferdinand... regarde! il vient pour me tuer.

MILLER, *s'élançant devant Ferdinand.*

Vous ici, baron !

FERDINAND, *écartant Miller et s'avançant avec lenteur.*

Conscience surprise... Merci, l'aveu est terrible, mais il est prompt et sûr, et m'épargne le doute. Bonsoir, Miller.

MILLER.

Mais, au nom du ciel! que voulez-vous, baron, et qui vous amène?

FERDINAND.

Je sais un temps où, en m'attendant, on divisait la journée en secondes... Je sais un temps où l'ardent désir de me voir poussait du doigt l'aiguille de la lente horloge, où chaque battement de la pendule éveillait une pulsation dans un cœur! Comment se fait-il que ma présence surprenne maintenant au point qu'on me demande en me voyant quelle cause m'amène et ce que je viens faire?

MILLER.

Baron, s'il reste encore une étincelle de pitié dans votre âme, si vous ne voulez pas tuer celle que vous dites, partez, ne restez pas un instant de plus. Dès que vous mettez le pied dans ma pauvre maison, le bonheur s'enfuit épouvanté! Dans cette chambre, où la joie et l'innocence seules étaient entrées, vous avez appelé tous les malheurs. Oh! baron, baron! ayez pitié de nous!

FERDINAND.

Mon ami, tu te trompes, je viens au contraire annoncer à ta fille une heureuse nouvelle.

MILLER.

Nouvel espoir pour un nouveau désespoir. Oh ! non, non! vous êtes bien un messager de malheur.

FERDINAND, *se levant.*

Écoute, et tu en jugeras : une seule personne s'opposait au bonheur de ta fille et au mien, lady Mylford, une seule volonté nous séparait l'un de l'autre, celle de mon père... Eh bien ! lady Mylfort vient de quitter le duché à l'instant même. Mon père approuve mon amour. Notre heureuse étoile se lève enfin, et je suis ici pour acquitter ma parole donnée, en conduisant ma fiancée à l'autel.

MILLER.

L'entends-tu, ma fille... l'entends-tu ? Il est venu pour railler tes espérances déçues... Oh ! baron ! railler avec la douleur, c'est affreux!

FERDINAND.

Tu crois que je plaisante, vieillard? Non, sur mon honneur, je ne dis que la vérité, aussi vrai que ta fille m'aime! Je viens ici pour être son époux. Eh bien, j'espère que voici un serment positif, sacré! (*Il passe.*) Comment, à cette nouvelle, la rougeur de la joie, ne monte-t-elle point aux joues de ma belle et chaste fiancée? Oh! il faut donc que le mensonge soit ici la monnaie courante, pour que la vérité y trouve si peu de croyance! Tu te méfies de mes paroles, vieillard, tu ne crois pas à ma promesse, jeune fille? Il vous faut à tous deux des témoignages écrits, n'est-ce pas? Vous ne croyez qu'aux choses écrites! (*A Louise.*) Eh bien! lisez. (*Il lui met devant les yeux la lettre de Kalb.*)

LOUISE, *s'affaissant sur un fauteuil.*

Ah !

MILLER.

Que signifie cela, baron? Je ne vous comprends point.

FERDINAND, *lui montrant sa fille.*

Celle-ci m'a compris... tiens!

MILLER.

Mon Dieu ! ma fille... elle disait vrai, il la tuera !

FERDINAND.

Pâle comme la mort!... Regarde! elle me plaît ainsi ta fille! Jamais elle ne m'a paru si belle! L'haleine du jugement dernier, qui fait tomber du visage le fard menteur avec lequel l'hypocrisie espérait tromper les cœurs célestes... l'haleine du jugement dernier a déjà effleuré sa face! Ah! malheureuse! tu ne nieras pas maintenant, j'espère !

MILLER.

Arrière! arrière!... je n'ai pu la préserver de ton amour, mais je saurai la préserver de ta colère.

FERDINAND.

Laisse-nous, vieillard, tout est entre nous deux ; et je n'ai rien à démêler avec toi. Parle, malheureuse, as-tu écrit cette lettre ?

MILLER.

Souviens-toi, mon enfant, souviens-toi...

LOUISE.

Oh ! cette lettre! cette lettre!

FERDINAND.

Comme c'est heureux qu'elle soit tombée entre mes mains ! Oh ! le hasard fait parfois des choses merveilleuses! Au fait la Providence n'est point étrangère au passereau qui tombe, pourquoi ne serait-ce pas elle qui arrache le masque au démon qui voulait se faire passer pour un ange? Allons, je veux une réponse : est-ce toi qui as écrit cette lettre?

MILLER.

Courage, ma fille; un mot, un seul, et nous sommes sauvés tous!

LOUISE.

Mon Dieu, mon Dieu! secourez-moi! Mon Dieu, mon Dieu! donnez-moi la force !

FERDINAND.

Ah! n pas que le mensonge coûte plus à faire que tu ne le croyais? Par le ciel et l'enfer! par l'inexorable vérité, réponds ! as-tu écrit cette lettre ?

LOUISE, *mourante.*

Je l'ai écrite.

FERDINAND, *reculant épouvanté.*

Tu mens, Louise, tu mens... Oh ! parfois, sur le banc de la torture, l'innocence s'accuse de crimes qu'elle n'a point commis ! J'ai interrogé avec trop de violence, n'est-ce pas? C'est parce que j'ai interrogé trop violemment que tu as avoué ?

LOUISE.

J'ai avoué... ce qui est vrai.

FERDINAND.

Non, te dis-je! non, sur mon âme! non, tu ne l'as pas écrite! Ce n'est point ton écriture ! Et fût-ce ton écriture, il n'est pas si difficile de contrefaire une écriture que de fausser les cœurs! Dis-moi la vérité, Louise ! Oh ! plutôt, non, un mensonge, un mensonge; la vérité me tuerait. (*A genoux.*) Louise, Louise ! tu n'as pas écrit cette lettre, n'est-ce pas ?

LOUISE.

Par l'inexorable vérité, Ferdinand, j'ai écrit cette lettre.

FERDINAND.

Tout est dit... O femme ! femme ! si tu savais ce que tu étais pour moi ! Oh ! que les mots sont pauvres et méprisables ! Tu étais ma vie, mon âme, mon éternité, et se jouer si cruellement de moi... C'est terrible, terrible !

LOUISE.

Vous avez mon aveu, monsieur de Walter. Je me suis condamnée moi-même. Oh ! partez maintenant, partez... abandonnez une maison où vous avez été si malheureux !

FERDINAND.

Oui, oui, je m'en vais... mais ma tête brûle, ma bouche est desséchée... Louise, Louise... un verre d'eau... (*Il tombe sur un fauteuil ; Louise sort.*)

SCÈNE IV.

MILLER, FERDINAND.

MILLER, *s'approchant de Ferdinand.*

Cher baron! cela soulagera-t-il vos chagrins... si je vous dis que je vous plains de tout mon cœur?

FERDINAND.

Bien, Miller, bien, merci !... je suis d'autant plus sensible à ta pitié, que tu n'es pas coupable, toi !...

MILLER.

Ah! le Seigneur le sait !...

FERDINAND.

Miller, je suis venu ici pour prendre des leçons de musique !... et n'ai jamais songé à te donner le prix de mes leçons... tiens, Miller... (*Il lui donne une bourse.*)

MILLER.

Pourquoi penser à cela dans ce moment, baron ? La bourse est entre bonnes mains. D'ailleurs, ce n'est point la dernière fois que nous nous voyons, j'espère ?

FERDINAND.

Qui sait?... prends toujours, brave homme !...

MILLER.

Quelle idée étrange !... baron.

FERDINAND.

Eh, mon Dieu ! n'as-tu jamais entendu dire que des jeunes gens partis pour une longue route étaient tombés au tiers du chemin ?... Ce sont parfois les enfants de l'espoir que la fatalité frappe les premiers !... ce que l'âge ne fait point, un coup de foudre peut le faire !... ta Louise non plus n'est pas immortelle, vieillard !

MILLER.

Dieu me l'a donnée..... la volonté de Dieu soit faite, dans sa miséricorde comme dans sa rigueur; mais ce que vous avez demandé tarde bien, baron ?

FERDINAND.

Merci, j'ai le temps... je te disais donc que Louise, non plus, n'est pas immortelle.

MILLER.

Je le sais.

FERDINAND.

Et cependant tu as mis sur cette jeune fille tout ce que tu avais d'espérances en ce monde... C'est imprudent, Miller, de jouer tout ce que l'on possède sur un coup de dé !... Miller ! on appelle téméraire le négociant qui charge toute sa fortune sur un seul vaisseau !... mais peut-être as-tu encore quelque autre enfant que je ne connais pas...

MILLER.

Non, baron, je n'en ai pas d'autre. Avec quoi aimerais-je donc mes autres enfants, puisque mon cœur est tout à Louise? Non, non, baron, Louise est bien ma seule, mon unique enfant !

FERDINAND.

Miller, Miller, voyez donc ce que fait votre fille, et pourquoi elle ne m'apporte pas ce que j'ai demandé. (*Il sort.*)

SCÈNE V.

FERDINAND, *seul.*

Son unique enfant... entends-tu, meurtrier ! l'unique !... Et l'homme n'a rien au monde que cet instrument avec lequel il gagne sa vie... et sa fille avec laquelle il la partage !... Ainsi, en lui prenant sa fille, non-seulement tu brises le cœur d'un père, mais encore... tu voles le dernier denier d'un mendiant !... en aurais-je le courage? Et en eussé-je le courage !... en ai-je le droit?..... Oh ! quand je pense que ce vieillard à cheveux blancs... que ce vieillard, qui ne m'a jamais rien fait... que ce vieillard qui m'aime et qui ne m'a point trompé, lui..... que ce vieillard... dans un quart d'heure... sera là... sur le cadavre de sa fille glacée... . à genoux..... sanglotant... s'arrachant les cheveux... et me maudissant... parce que je lui aurai arraché sa seule, son unique espérance !... oh ! non, non !... c'est impossible !... Ah ! vieillard, que tu as bien fait de prononcer ce mot, unique !..... Eh bien ! soit ! elle te restera ta seule, ton unique enfant !..... moi aussi, je suis le seul et unique enfant de mon père ! mais mon père ne m'aime pas comme tu aimes ta fille. D'ailleurs, il est riche, ambitieux !... mon père se consolera, tandis que toi, vieillard... Oh ! tu en mourrais !..... allons, Ferdinand ! sois martyr jusqu'au bout !... d'ailleurs, si notre espoir se trompait... si la tombe était le néant... elle ne souffrirait plus !... non !... non, qu'elle vive !..... qu'elle vive, avec un fantôme attaché à ses pas !... que tous les jours elle entende sonner l'heure... où je serai mort à ses yeux en la maudissant. . Oh ! seul, seul, oui, seul !... et pas elle... qui est l'unique enfant de ce vieillard !...

SCÈNE VI.

FERDINAND, MILLER.

MILLER.

Vous allez être servi, baron, la pauvre fille a voulu vous faire, pour la dernière fois, une de ces boissons que vous aimiez tant à recevoir de sa main. Peut-être celle-ci vous semblera-t-elle amère..... car bien des larmes y sont tombées tandis qu'elle la faisait. (*Louise entre.*)

FERDINAND.

Bien, Miller, bien !... écoute, rends-moi un service.

MILLER.

Parlez, baron, lequel ?

FERDINAND.

Je rentrerai tard, ce soir, au palais... on m'a remis une lettre pour mon père, une lettre importante, et pressée peut-être..... fais remettre ou plutôt remets toi-même cette lettre à la présidence, je te serai reconnaissant.

LOUISE, *passant.*

Mon père !... un autre que vous ne peut-il pas faire cette course ?

MILLER.

Tu sais bien, pauvre enfant, que nous n'avons pas de domestiques ; nous !... Monsieur le baron, j'y vais moi-même.

LOUISE.

Mais moi, mon père, ne puis-je y aller à votre place ?

MILLER.

Il fait nuit noire, mon enfant... Oserais-tu bien te hasarder dans les rues à cette heure ?

FERDINAND.

Elle n'a point le courage de rester seule avec moi ! Louise, éclairez votre père ! (*Louise éclaire Miller.*)

SCÈNE VII.

FERDINAND, LOUISE. (*Tandis que Louise éclaire son père, Ferdinand verse un flacon de poison dans la carafe de limonade.*)

FERDINAND.

Pars, vieillard, pars tranquille ! je ne profiterai point de ton absence pour te voler ta seule... ton unique enfant ! (*Appelant.*) Louise !

LOUISE, *se rapprochant et portant la bougie sur la table.*

Monsieur le baron.

FERDINAND.

Louise, vous aviez donc bien peur de vous trouver seule avec moi, que vous offriez à votre père d'aller au palais à sa place ?

LOUISE.

Oui, bien peur, je l'avoue.

FERDINAND.

En effet, vous tremblez..... vous pleurez !... Louise, sur qui coulent ces larmes ?...

LOUISE.

Sur vous, monsieur de Walter, qui êtes si malheureux...

FERDINAND.

Malheureux, dis-tu ?... d'où as-tu appris que j'étais malheureux ? car il y a trop de corruption dans ton cœur pour sentir cela de toi-même. Avec quelles balances peux-tu donc peser les sensations des autres malheureux !... Ah ! voilà, en vérité, qui redoublerait ma colère, si ma colère n'était point étouffée sous le mépris... malheureux !... Mais tu le savais donc que la trahison me rendrait malheureux..... et tu m'as trahi, cependant..... Et moi, moi, qui espérais encore que c'était dans un moment d'oubli, moi qui espérais... que sais-je ?... que tu étais devenue folle, et que c'était dans ta folie que tu m'avais trompé !.. Oh ! non, non, je le vois bien, c'est de sang-froid, c'est avec ta pleine et entière volonté... (*Il prend la carafe et se verse un verre de limonade.*) Ah ! Louise ! Louise. (*Il boit la moitié du verre.*)

LOUISE.

Ah ! si vous saviez, Ferdinand, combien chaque parole que vous me dites me brise le cœur !

FERDINAND, *se levant.*

Le cœur !... En vérité, elle parle comme si elle avait encore un cœur.

LOUISE.

Il viendra un temps, Walter...

FERDINAND.

Ah ! j'en ai fini avec le temps.

LOUISE.

Un temps où la soirée d'aujourd'hui pèsera lourdement sur votre cœur.

FERDINAND, *détachant son épée, et la jetant loin de lui.*

Adieu, service des princes !...

LOUISE.

Mon Dieu ! qu'avez-vous ?

FERDINAND, *arrachant les boutons de son habit.*

J'étouffe !...

LOUISE.

Cette limonade vous fera du bien.

FERDINAND.

On dirait qu'elle sait ce qu'elle offre, l'infâme !...

LOUISE.

Parler ainsi à votre Louise, Ferdinand...

FERDINAND.

Arrière, arrière... loin de moi ces yeux doux et trompeurs... Ne revêts pas ces faux semblants de vertu; reste à mes derniers regards ce que tu es réellement..... aie du moins pitié de mon agonie !...

LOUISE.

Que dis-tu ?

FERDINAND.

Ce bel ouvrage du sublime ouvrier, qui pourrait croire cela ?.. Je ne veux pas te demander raison, Dieu créateur, mais pourquoi as-tu mis ton poison le plus subtil dans un si beau vase ?...

LOUISE.

Entendre cela, et être forcée de me taire...

FERDINAND.

Oh ! encore une fois, par le jour où je sentis le premier baiser éclore sous ta douce haleine, où tu balbutias le nom de Ferdinand, par cette heure où le premier toi tomba de tes lèvres brûlantes et pénétra jusqu'à mon cœur... Louise, pourquoi as-tu fait cela ?... pourquoi l'as-tu fait ?...

LOUISE.

Pleurez, pleurez, Ferdinand ! votre douleur est plus juste envers moi que votre colère !...

FERDINAND.

Tu te trompes, Louise !... tu te trompes..... ce ne sont point les larmes que tu crois qui tombent de mes yeux, ce n'est point cette chaude et douce rosée qui coule comme un baume sur les plaies de l'âme, et qui rend le mouvement à cette pauvre machine fatiguée, et près de cesser de battre, qu'on appelle le cœur... non, non, ce sont les pleurs glacés de l'agonie, ce sont les froides gouttes qui tombent, une à une, de la voûte d'un tombeau... c'est le terrible et dernier adieu de mon amour !...

LOUISE.

Que dis-tu ?

FERDINAND.

Je dis... que je vais mourir, et que je pleure sur toi, qui vas vivre !

LOUISE.

Tu vas mourir ?...

FERDINAND.

Louise... avant que cette bougie ait fini de se consumer... je t'aurai accusée devant Dieu !...

LOUISE.

Toi !... oh !... cette limonade !...

FERDINAND.

Elle était empoisonnée, Louise.

LOUISE.

Il n'a pas tout bu !... (*Elle avale le reste.*)

FERDINAND.

Louise ! Louise ! que fais-tu ?

LOUISE.

Elle était empoisonnée, n'est-ce pas ?

FERDINAND.

Oh !...

LOUISE.

Et dans un instant je vais mourir aussi, moi !...

FERDINAND.

Mon Dieu ! tu es témoin que je ne voulais !... c'est elle !... c'est elle !...

LOUISE.

Ferdinand ! Ferdinand ! oh ! maintenant je puis donc tout te dire !... La mort délie !..... il n'y a plus de serment dans la tombe !... Ferdinand ! je suis innocente !...

FERDINAND.

Que dit-elle ?... oh ! d'habitude on ne ment point dans un pareil moment !

LOUISE.

Je ne mens point, c'est quand je te disais que j'étais coupable que je mentais !... et cette fois... c'est la seule où j'ai menti.

FERDINAND.

Tu es innocente... et tu vas mourir !... mon Dieu !...

LOUISE.

Écoute ! j'ai voulu me tuer... il n'y a pas une heure de cela, pour avoir le droit de tout te dire..... Tiens ! tiens !... vois ce papier déchiré en mille morceaux !..... tout mon secret était dans ce papier... mais j'ai eu pitié de mon père !... j'ai eu pitié du pauvre vieillard... qui pleurait, qui sanglotait à mes genoux...

FERDINAND.

Mais cette lettre... cette lettre ?...

LOUISE.

C'est Wurm qui l'a dictée... mais mon cœur condamnait ce qu'écrivait ma main.

FERDINAND

Ah !

LOUISE.

Pardonne-moi, Ferdinand, pardonne !... s'il n'eût fallu que mourir, mon Dieu ! je serais morte... mais ils avaient fait arrêter mon père... le pauvre vieillard était en prison... ils m'ont dit qu'il n'en sortirait que si j'écrivais la lettre que tu as lue, et je l'ai écrite.

FERDINAND.

Dieu soit loué ! je me sens encore assez fort pour tuer le bourreau !... (*Il ramasse son épée.*)

LOUISE.

Que vas-tu faire ?..... Oh ! ne me quitte pas, je mourrais en ton absence, mon Ferdinand... et Dieu me doit bien de mourir dans tes bras !

FERDINAND.

Mais il est peut-être temps encore... du secours ! du secours !..

LOUISE.

Tu vois bien qu'il est trop tard, puisque tu chancelles toi-même.

FERDINAND.

Tu as raison, ta main, Louise... (*il tombe sur un fauteuil*) tes yeux, tes yeux sur les miens !... Oh ! mon Dieu ! mon Dieu ! est-ce que je me trompe ? est-ce déjà l'agonie qui trouble mes regards ?... Louise, Louise, comme tu es pâle, comme ta main est froide, Louise !

LOUISE.

Dieu me pardonne ! je meurs la première... Ferdinand ! mon Ferdinand !..... la sainte Mère n'est pas morte plus pure que moi... Ferdinand, je t'aime !... (*Elle meurt.*)

FERDINAND.

Morte ! morte !... et moi, Louise... Louise !...

SCÈNE VIII.

LES MÊMES, WURM, LE PRÉSIDENT, MILLER, GENS DE JUSTICE.

LE PRÉSIDENT.

Mon fils !... mon fils !... est-ce bien toi qui as écrit cela ?... mon fils, mon Ferdinand !...

FERDINAND, *regardant autour de lui et apercevant Wurm, pose doucement la tête de Louise sur le fauteuil, ramasse son épée, s'élance et frappe Wurm.*

Assassin !

WURM.

Ah ! je suis blessé !...

FERDINAND, *tombant de toute sa hauteur aux pieds de Louise.*

Me voilà, Louise... me voilà !...

MILLER.

Mon enfant !

LE PRÉSIDENT.

Ah ! maudit sois-tu, toi qui m'as donné ce conseil !

WURM.

Ah ! c'est comme cela que tu me remercies, démon !... (*Aux gens de justice.*) Messieurs les gens de justice, c'est moi qui ai empoisonné l'ancien président, et voilà mon complice..... Ose un peu dire que non ?...

LE PRÉSIDENT, *allant à son fils, lui soulevant la tête, voyant qu'il est mort.*

Mort !..... (*Aux gens de justice.*) Cet homme a dit vrai, messieurs, et je suis votre prisonnier !...

Typ. de Mme Ve DONDEY-DUPRÉ, rue St-Louis, 46, au Marais.

www.ingramcontent.com/pod-product-compliance
Lightning Source LLC
LaVergne TN
LVHW010250230826
846091LV00007B/2896

* 9 7 8 2 3 2 9 0 6 5 1 6 8 *